KB080731

# 내 아이를 위한 정화

이영현 지음

# 내 아이를 위한 정화

자녀를 사랑하는 부모들을 위한
정화 가이드북

7살 먹은 아이 vs 7살 먹은 부모
심층을 자극하는 부모 vs 영감을 자극하는 부모

인생을 살아가면서 가장 고통스럽고 잔인한 일이 무엇일 것 같으냐고 누군가가 나에게 묻는다면 난 망설임 없이 이렇게 대답할 것이다.

"자식의 고통스런 죽음을 바라보고 맞이하는 것이죠. 아마 이 세상에 그보다 더 큰 고통은 없을 겁니다."

아마 자식을 두고 있는 부모라면 내 대답에 누구나 동감할 것이다. 또한 이것은 비단 인간의 경우뿐만 아니라 소위 자신의 핏줄이라는 존재를 인식할 수 있는 동물이라면 대부분 해당할 것이다.

그만큼 '자식'이라는 존재는 부모에게 자신의 심장보다 더 중요하다. 자식이 처한 죽음의 위기 앞에 몸을 사리는 부모는 없을 것이기 때문이다. 적어도 정상적이고 일반적인 마음과 신념을 가지고 있는 부모들이라면 말이다.

이 말은 뉴스에 종종 등장하는 엽기적인 행각의 몇몇

부모들과 이생의 개인적 목적에 따라 모든 것을 해탈한 듯 살아가는 도인들을 제외하면 대부분의 자식에 대한 부모들의 마음은 비슷할 것이라는 말이다.

위의 극단적인 상황을 뒤로하고 일상적인 생활을 둘러보더라도 결혼하고 자녀가 있는 사람들의 인생의 희로애락은 대부분 자식에 의해 결정지어질 때가 많다.

내 자식이 예쁜 짓을 하면 나도 그 순간만큼은 최고로 즐거운 사람이 되고 내 자식이 반항하면 내 안에 꼭꼭 숨겨져 있던 화 덩어리가 폭발해버리기도 한다.

내 자식이 죄를 지으면 나도 똑같이 죄인이 되고 내 자식이 성공하면 나도 성공한 사람이 된다.

가끔 왜 이렇게 자식이라는 존재에 얽매여 살아야 하는지 나 자신이 한심스럽기도 하고 차라리 자유롭게 독신으로 살걸 그랬나 하는 생각도 해보지만… 어찌할 것인가. 이미 버젓이 태어나 한 인생을 차지하며 살고 있는 내 핏줄을.

　돌이켜 생각해보면 정말 엄청난 일을, 그것도 인류적으로 엄청난 일을 우리는 너무나 쉽게 생각하고 해버린 건지도 모른다.

　우리가 낳은 내 핏줄이 하나의 인생을 차지하게 되고 그 인생은 긴 세월 수많은 사람들과, 넓게는 인류와 사회에 영향을 미치니 말이다.

　시작은 내 자식이었으나 어느 순간 이 세상에 크고 작은 영향력을 행사하는 결코 무시할 수 없는 인생 하나가 되니 말이다.

　우리는 단순히 핏덩어리 하나를 낳은 것이 아니다. 어마어마한 인생 하나를 낳은 것이다.

그 인생이 수많은 사람들에게 상처를 줄 수도 있고 또 수많은 사람들에게 큰 사랑과 위안을 줄 수도 있다.

그 인생 하나가 수많은 사람들을 위협하고 살인을 저지를 수도 있고, 그 인생 하나가 수많은 사람들을 살려낼 수도 있다.

인류에 엄청난 공헌을 한 위인의 부모도, 테러를 일삼으며 수많은 사람들을 위협하는 지도자의 부모도, 자신이 낳고 만들어간 인생 하나가 이런 영향력을 행사할 것이라는 상상은 감히 하지 못했을 것이다.

심각한 사실은 내 아이의 정체성과 인생이 수년간 내 손에서 만들어지고 강화되고 수정되고 다듬어진다는 것이다.

'너는 너고 나는 나다.'

'내 인생 니 인생 따로다.'

아무리 쿨하게 우기고 싶지만, 내가 의도를 하든 하지 않든 현실은 어쩔 수 없이 내 손에서 만들어지고 있다.

그 아이는 내 반응에 자신이 누구인지 정의하고 나를

보며 인생의 신념들을 만들어나간다.

　이런 모습을 객관적으로 알아차린 후 정신이 번쩍 들었다.

　'도대체 내가 무슨 짓을 하고 있는 거지….'

　'아이에게 아이 인생에 더 나아가 사회에 무슨 짓을 하고 있는 거지….'


　지금 내 아이를 가만히 들여다보자.

　그리고 내 아이를 대하는 나의 모습을 조용히 들여다보자.

　과연 나는 어떤 인생을 만들고 있는 것인가.

　과연 저 아이는 어떤 목적으로 나라는 부모에게 온 것인가.


　나는 교육학이나 아동심리학을 전공한 사람이 아니다. 이 글을 통해 해당 분야에 대한 전문적인 지식을 원했던 사람이라면 실망할지도 모른다. 또한 기존의 교육학이나 아동심리학에서 말하는 세부내용과는 차이가 있거나 다른 내용이 있을 수도 있다.


　나는 10여 년을 호오포노포노로서 내 인생을 정화하고 내면과 소통을 해온 사람이며, 동시에 최면전문가로서 강의와 상담을 하고 있는 사람이다.

　나와 내 인생을 열심히 정화하고 소통해오면서 부모로서의 나의 모습을 돌아보게 되었고, 아이와 나 사이를 정화하면서 진정 내가 어떻게 해야 하는지에 대한 여러 답을 찾을 수 있었다.

　그것은 아이를 바라보는 나의 시각을 완전히 다르게 만들었고, 이러한 변화는 모든 사람들에게 적용될 수 있다는 확신이 들기에 이르렀다.


　나와 같이 이미 부모가 되어있는 사람, 그리고 앞으로 부모가 될 사람들이 이 책을 통해 또 다른 관점에서 아이와 자신을 바라볼 수 있기를 바란다.

　그 새로운 관점은 아이를 바라보는 자신의 시선을 완전히 바꾸어줄 것이고 흔들리지 않는 부모로서의 중심을 잡아줄 것이며 동시에 자신의 인생 또한 변화하게 만들 것이다.


핑크돌고래

이 영 현

# 목차

# 내 아이를 위한
## 정화

# 에너지 탯줄

'죽을 만큼 아픈데 신기하게 죽지는 않더라'라는 게 산통이라고 했던가. 어찌 되었든 평생 처음으로 겪어봄 직한 고통 속에서 출산을 하고 마침내 아홉 달 동안 엄마와 연결되어 있었던 탯줄이 잘려나간다.

뱃속에서 아이에게 영양분을 공급해주었던 탯줄이 잘려나갔으니 이제 나도 내 마음대로 커피도 마음껏 마시고 시원한 맥주도 좀 마시고 좋아하는 자극적인 음식들도 먹고… 야호! 이제 자유다! 하는 산모들이 대부분일 것이다.

그런데 안타깝지만 이제부터가 진짜 아이와 내가 연결되는 순간이다. 물리적인 연결고리는 분리되었지만 아이가 온전히 이 세상에 모습을 드러내고 자식으로서의 인생을 시작하는 순간, 그 아이와 부모 사이에는 보이지 않는 에너지 탯줄이라는 것이 연결된다.

자식으로서, 부모로서 떼려야 뗄 수 없는 서로의 인생이 함께 맞물려 감을 선언하는 순간이다.

정화와 소통을 처음 시작할 무렵 어느 불교 서적에서 이런 문구를 본 적이 있었다.

석가모니께서 말씀하길 "낳지도 말고 죽이지도 말라"고

하셨단다. 그 당시에는 속으로 '석가모니 부처님 냉정하시네. 아이를 낳지 말라니…' 짧은 순간이었지만 이렇게 생각하고 넘어갔던 기억이 난다. 지금 생각해보니 나의 어리석음에 웃음이 날 뿐이다.

그 말은 적어도 생각 없이, 자각 없이 쉽게 아이를 낳지 말라는 말씀이 아니었을까. 인생 하나를 세상에 꺼내놓는 것이니 그만큼 큰 책임이 따르니까 말이다.

사실 이것 또한 지금 딱 이 수준의 나의 관점에서 짐작해본 것일 뿐이지만 말이다. 10년 뒤엔 지금의 나를 돌아보며 또 그 어리석음에 웃고 있을지도 모를 일이다.


다시 본론으로 돌아와서, 아이가 탯줄을 끊고 이 세상에 나왔다고 해서 연결 끈이 완전히 분리된 것이 아니다.

오히려 보이지 않아 더 심각하고 무서운 에너지 탯줄이라는 것이 연결된다. 아이의 인생과 나의 인생 사이에 말이다.

탯줄은 눈에 보이니 조심조심 좋은 것만 골라서 아이에게 보낼 수 있었는데 이 에너지 탯줄이란 것은 보이지도 않고 인식할 수도 없어서 내가 무엇을 아이에게 공급하고 있는지 알지 못할뿐더러 더 심각한 것은 내가 매 순간 아이에게 무엇인가를 공급하고 있다는 것 자체를 모르고 산다는 것이다.

이제 아이와 나 사이에 인생이 연결되어있음을, 그리고 그 연결을 통해 끊임없이 나의 그 무엇을 공급받고 그것을 바탕으로 아이의 인생이 무럭무럭 자라나고 있음을 인식했다면 우리는 떨리는 마음으로 지금까지 내가 공급하고 있었던 그 실체를 알아봐야 한다.

그것은 너무나 쉽다.
단 하루만 내 모습을 관찰해보면 바로 알 수 있다.

내 아이가 뱃속에 있었을 때를 생각해보자.

뱃속의 태아를 위해 얼마나 좋은 것들을 신경 써서 챙겨 먹었던가.

조금이라도 유통기한이 지났을 것 같은 음식은 거들떠보지도 않고 늘 싱싱하고 영양가 있는 것들… 심지어 임산부들은 모양도 예쁜 것들만 골라 먹으라고 하지 않던가.

그렇게 애지중지 좋은 것만 공급하던 아홉 달이 지나고… 지금의 나는 수년간 무엇을 아이에게 공급하고 있었나.

화, 짜증, 실망, 억압, 변덕이라는 음식을 공급하고 있었는지.

긍정, 희망, 영감, 지혜, 상상력이라는 음식을 공급하고 있었는지.


내가 무엇을 공급하고 있었는지는 평상시 행하는 자신의 행동과 말에 고스란히 드러난다.

아이에게 줄 수 있는 가장 큰 자원이 바로 부모의 행동과 말이기 때문이다. 그다음으로 결정적인 맛을 낼 수 있는 양념이 내가 가지고 있는, 눈에 보이지 않는 신념이나 고질적으로 반복하고 있는 감정의 패턴들이다.

아이들은 이렇게 에너지 탯줄을 통해 부모로부터 받은 그날그날의 자원들을 자신의 것으로 만들고 자신의 정체성을 확립하고 자신의 인생을 선언해 나간다.

'나는 야단만 듣는 못난 인간이야.'

'내 인생은 불행할 수밖에 없어.'

'나는 무엇이든 할 수 있는 사람이야.'

'내일은 또 얼마나 즐거울까. 인생 살맛 나네!'

아홉 달 내내 독성이 있는 음식을 공급받은 태아가 건강하게 태어날 수 없듯이 수년, 길게는 수십 년간 부모로부터 '으이구, 이 바보야!'라는 자원을 공급받은 아이가 온전한 자존감으로 성공한 인생을 살기란 거의 불가능한 일이다.

자존감이 높은 아이들은 부모들에게 좋은 자원을 공급받은 아이들일 수밖에 없다. 여기서 말하는 자존감의 좋은 자원이란 것이 결코 부모의 재력, 건강 또는 학력과 같은 조건들은 아니다.

현실적인 조건과 관계없이 모든 부모들은 최고품질의 자원을 얼마든지 줄 수 있다. 이 얼마나 다행스러운 일인가.

돈이 없어도, 내가 어딘가 모자라도 내 아이에게는 좋은 것을 줄 수 있다니 말이다.

그건 바로 앞서도 표현했듯이 매일 반복하는 내 행동, 말, 신념과 감정들이기 때문이다.

좋은 말, 부드러운 행동, 평화로운 마음, 유연한 생각 등은 돈이나 학력, 아이큐하고는 전혀 상관이 없다. 물론 돈이나 학력으로 쉽게 살 수 없어서 더 어려울 수도 있지만 말이다.

오늘이라도 당장 나를 돌아보자. 내가 무심코 주고 있는 자원의 정체가 무엇인지 당장 알아보자.

알아야 바로잡을 기회도 생기는 법이다. 이 상황의 심각성을 알아야 정화하고 바로잡을 자발성도 생기는 법이다.

# 나는 아이에게 선택받은 사람

나는 가끔 이런 상상을 해보곤 한다.

천상에 천사 같은 아이들이 옹기종기 모여 앉아 심각한
표정으로 고민하고 있는 모습을 말이다.

"곧 세상에 나가야 하는데 아직 부모를 결정하지 못했어."

"정말? 난 벌써 결정했는데…. 난 이번에 가면 사람들을 진심으로 돕는 일을 할 계획이야. 그러려면 마음이 따뜻한 부모에게로 가는 게 좋을 것 같아서 저 부부를 선택했어. 막상 겪어봐야 알겠지만 난 내 선택이 옳았다고 믿어."

남들이 들으면 역시 사차원이라며 혀를 내두를 황당한

상상일지 모르지만, 나는 적어도 우리의 아이들이 신중하게 자신의 부모를 선택한 것이라고 믿는다. 그게 맞다는 증거도 없지만 아니라는 증거도 없지 않은가.

그리고 당장 눈에 보이는 세상에서 일어나는 기준만 보더라도 부모는 아이를 선택할 수 없다.

건강하고 말 잘 듣는 아이를 골라서 낳고 싶다고 해서 그렇게 할 수 없듯이, 아니 그건 고사하고 성별도 마음대로 선택할 수 없는 게 사실이다.

하지만 물질 세상 그 이상의 차원에 존재하는 영혼의 존재가 있다면, 그들은 이미 우리들의 정보를 다 알고 있는지도 모른다.

적어도 물질 세상처럼 한계가 있는 곳은 아닐 테니 그 어떤 정보라도 자유자재로 알지 않을까 생각해본다.

이 부분을 읽으면서 말도 안 된다며 괜히 흥분하는 독자가 없기를 바란다. 상상은 자유이니까 말이다. 때론 상상이 큰 통찰로 이어지기도 하니 말이다.

그리고 여기서 필자가 강조하고 싶은 것은 이 상상의

진실 여부가 아니라 어찌 되었든 우리 아이가 이 세상 수 많은 부모들 중에서 콕 집어서 나! 바로 나에게 왔다는 것 이다. 그것만으로도 충분히 이 인연의 가치는 대단하지 않은가. 왜 그 많은 부모들을 제치고 이 아이는 나의 자식 으로 왔을까?

세상에 행복해지고 싶지 않은 사람이 어디 있겠는가. 마찬가지로 이 아이도 나를 선택했을 때는 들뜬 기대와 멋진 목적이 반드시 있었으리라.

그리고 난 강하게 믿는다. 모든 영혼들의 목적은 밝은 것임을 말이다.


이렇듯 많은 고민 끝에 나를 선택했을지 모르는 아이에 게 실망감을 안겨주지는 말자.

아이의 밝은 목적에 협조해줄 수 있는, 그래서 기왕이 면 이 아이의 선택이 최고였음을 보여주자.

결코 어렵지 않다. 결코 돈도 들지 않는다.

마음을 열고 이 책을 읽다 보면 누구나 할 수 있다는 것 을 쉽게 알아차릴 것이다.

# '부모 시험'이 있다면 나는 몇 점일까?

어느 날 딸아이가 학교에서 무슨 일이 있었는지 짜증이 잔뜩 묻은 표정으로 씩씩거리며 집으로 들어왔다. 그리곤 표정만큼 험상궂은 태도로 책가방을 내던지고 식탁 의자

에 앉는 것이다.

'무슨 일인지 얘기해줘~'하는 애절한 표정으로 나도 그 앞에 앉았다. 딸은 나를 마주하자마자 '화풀이 상대가 필요했는데 잘됐군'하는 표정으로 나에게 화살을 쏘아붙이기 시작했다.

"엄마는 엄마 일한다고 나한테 신경도 안 쓰고 있지!"

"아니, 엄마 신경 많이 쓰는데… 엄마한테 불만이 많았나 보네."

"당연히 많지. 어릴 때부터 죽 쌓여온 게 많아. 엄마한테 상처도 많이 받았어!"

아마 예전의 나라면 "어디 감히!!! 먹여주고 입혀주고 재워주고 네 앞으로 들어가는 돈이 얼만데!!!"라는 말로 시작해서 어떻게든 이 전투에서 이기려고 기를 썼을 것이다.

그 순간 욱! 하고 요동치려는 감정을 조용히 바라보고 정화한 후 다시 아이를 바라보니 나도 모르게 이런 말이 나왔다.

"만약에 자식 시험이 있다면, 그래서 5등급으로 점수를 매긴다면 넌 1등급이야. 그리고 부모 시험이 있다면, 엄마는 잘 받아도 3등급일 거야. 너보다 훨씬 낮아.

엄마가 이렇게 부모로서 우등생이 아닌데 넌 자식으로서 늘 최고의 우등생이었어. 정말 대견하고 고맙게 생각해."

그러자 딸아이는 순간 놀란 토끼 눈을 뜨고 잠시 나를 바라보더니 이내 언제 그랬냐는 듯 밝은 표정으로 조잘조잘 학교에서 있었던 일들을 쏟아내는 것이었다.

"오늘 이러저러했는데… 별일은 아니었어……."


아이들은 평가당하는 것에 매우 익숙해져 있다. 특히 우리나라 아이들은 경쟁적인 교육 시스템 속에서 10년이 넘는 긴 시간 동안 수도 없이 많은 시험과 테스트를 받으며 점수를 받는다.

'50점이네, 10등이네, 불합격했네, 누가 나보다 더 잘했네…'

학교에서 객관적인 평가를 받았다면 집에 돌아와서는 부모로부터 주관적인 평가를 받기 시작한다.

'옆집 철수는~'으로 시작하는 레퍼토리는 너무나 흔하므로 생략하기로 하고 '이거밖에 못 해?', '넌 왜 맨날 이 모양이야?', '아~ 속상해 죽겠네. 도대체 누굴 닮은 거

야?', '넌 덜렁거려서 그거 못해.'

이 주관적인 평가가 참 어처구니없는 또 한 가지 이유는, 내가 기분 좋으면 아이도 높이 평가되고 내 기분이 엉망이면 아이도 낮게 평가된다는 것이다. 그러니 아이 입장에서 바라보면 이 평가가 더더욱 억울할 수밖에 없을 것이다.

이렇게 아이를 두고 우리는 얼마나 많은 평가를 하고 있는가.

아이들은 그냥 당연하게 이 모든 것을 받아들인다.

교육 시스템이 상위에서 자신들을 억압하고 있음을 당연히 받아들이고, 그런 환경 속에서 자신들은 어차피 힘이 없는 존재라는 것을 당연히 안다.

집에서 또한 자신들은 아주아주 어렸을 때부터 너무나 당연히 부모라는 시스템 속에서 평가되어왔고 그것을 뒤집을 힘이 없는 존재라는 것을 당연히 안다.

이런 반복적인 평가들은 하나씩 하나씩 쌓여서 스스로를 몇 점인지 결정해버리고, 결국은 인생에서 자신이 들어왔던 점수만큼 행동하게 된다.

사춘기가 지난 아이들이 나에게 빵점짜리 행동을 하고 있다면 그건 내가 그 아이들을 빵점으로 평가해왔기 때문이다.


그렇다면 우리는 왜 아이들에게 당연한 듯이 평가를 일삼는 것일까? 부모라는 자리가 아이를 마음대로 평가할 수 있는 자리인 걸까?

그런 자격을 누가 부여했단 말인가?


7살의 아이를 둔 부모의 나이는 7살이다!

태어난 지 7년이 된 아이의 나이가 7살인 것처럼 '그 아이의 부모'가 된 나이도 똑같은 7살이라는 것이다.

그전의 세월은 그 아이의 부모가 아니었다.

순수하게 그 아이의 부모로서의 나이는 아이와 같다!

다시 말해, 아이가 이 세상에 온 지 7년밖에 되지 않아서 어설프고 실수가 많은 것처럼 나 또한 이 아이의 부모로서 지내온 세월이 7년밖에 되지 않아서 부모로서 어설프다는 말이다. 아이도 배우고 성장해가야 할 것이 많지만, 똑같은 시간만큼 부모였던 나 또한 배우고 성장해야 할 것들이 많다는 것이다.

하지만 우리는 어린아이들 앞에서 30년, 40년을 능숙하게 대처해온 부모처럼 스스로를 인식한다. 그러니 자식은 내 아래에 있는 존재이고 내 마음대로 평가할 수 있는 존재로 여겨지는 것이다.


이렇듯 알고 보면 내 아이와 부모로서 내 나이는 같다.

누가 잘나고 누가 못나고 할 것 없이 말이다.

나도 실수할 수 있고 나도 너처럼 모르는 것이 많다는 것을 아이에게 솔직하게 말해보자. 그럴 때 아이들은 묘한 희열을 느낄 것이다.

늘 권위적이고 늘 자신을 평가만 하던 부모가 스스로를

낮추며 반성하고, 그들과 같은 상황에 있음을 아는 것은 경쟁에 찌들어있는 아이들에게 아주 신선한 희열을 주게 될 것이다.

그리고 더 나아가 부모에 대한 '원망'을 '이해'로 승화시킬 수 있는 기회가 될 것이다.

'아~ 엄마도 엄마가 된 지 얼마 되지 않았기 때문에 그럴 수 있겠구나….'

또한 그렇게 동등한 입장에서 아이를 바라볼 때 아이는 진정으로 자신을 크게 인식하고 나를 편안하게 대한다.

그리고 냉정하게 나 자신을 바라볼 때, 알고 보면 내 아이가 나보다 더 대단한 구석이 많다는 것을, 그래서 오히려 내가 배워야 할 것이 많다는 것을 비로소 깨닫게 된다.

그 깨달음은 내가 못났다는 자책이 아니다.

그 깨달음은 오히려 엄청난 성장의 희열을 여러분들에게 선사할 것이다.

그리고 나보다 더 현명할 수 있는 아이의 진짜 모습을 보며 진심으로 감사하게 될 것이다.

# 기분 좋게 깨우고 기분 좋게 재워라

하루 중, 인생에 영향을 미치는 가장 중요한 시간은 언제일까?

내가 가장 좋아하는 일을 하고 있을 때? 아니면 열심히 일이나 공부에 몰두하고 있을 때?

둘 다 아니다.

필자가 생각하는 하루 중 가장 중요한 시간은 하루를 시작하는 시간과 하루를 끝내는 시간이다. 좋아하는 일을 수월하게 할 수 있고 중요한 일을 능률적으로 할 수 있으려면 하루의 시작과 끝을 잘 보내야 한다.

잠들기 직전의 순간은 표면적인 의식의 활동이 점차 낮아지는 때이고, 아침에 각성하는 순간은 서서히 활성화되기 시작하는 때이다. 다시 말해 잠들기 직전의 순간은 현재 의식은 힘을 풀면서 비활성화되고 반대로 내면 깊은 곳의 잠재적인 공간은 활성화되기 시작한다는 것이다.

심지어 잠을 자는 동안에도 우리의 뇌는 활동하고 있다는 것을 아는가. 이렇게 뇌뿐만이 아니라 하루 내내 각성된 의식에 가려져서 수면 아래에 묻혀있던 내면 깊은 곳의 무의식과 잠재의식이 활성화된다.

어떤 뇌 연구에 의하면 운동선수가 연습하는 꿈을 꾸게 되면, 다음날 현실 속에서 실제로 그 연습효과가 나타난다고 한다. 그 밖에도 과학자나 예술가들이 꿈속에서 영감을 얻었다는 기사를 우리는 종종 보아왔을 것이다.

이러한 것은 우리의 의식이 휴식을 취하는 동안 영감적인 부분이 활성화되어 현실적인 결과에 영향을 주었다는 것을 보여준다.

우리가 완전히 각성되어 있는 상태에서는 의식적 차원의 '비판력'이라는 부분이 좋은 암시든 나쁜 암시든 내면으로 흡수되는 것을 경계하고 방어하게 된다.

이미 받아들여져 있는 내면의 자원들을 바탕으로, 새롭게 유입되는 정보와 비교분석하며 그와 비슷한 패턴만 받아들이려고 하거나 그것과 다른 패턴의 정보와 암시에 대해서는 저항을 일으키기도 한다.

예를 들어 수년 동안 "넌 아무것도 하지 못하는 바보야"라는 말을 들으면서 자란 아이가 있다면, 그 아이의 내면에는 '나는 바보야'라는 신념의 자원이 형성되어 있을 것이다. 그런 아이에게 어느 날 누군가가 "넌 천재야"라고 말한다면, 그 아이는 내면에 있는 기존의 자원(신념)과 어긋나는 그 낯선 새로운 정보를 거짓이라고 판단하고 밀어내버릴 수도 있는 것이다.

이것은 반대로 해석될 수도 있다. 수년간, 아니 자라는 내내 부모로부터 "넌 무엇이든 잘하는 아이야. 대단해"라는 말을 들어온 아이라면 그 아이의 깊은 내면에 있는 그 자원(신념)이 훗날 누군가에게 당할지도 모를 모욕감이나 멸시 또한 밀어낸다는 것이다. '나는 정말 잘할 수 있어'라는 굳건한 신념이 외부에서 오는 시련 정도는 거뜬히 감당해내도록 만드는 것이다.

이렇게 비교분석하려는 의식이 잠잠해지는 순간, 바로 잠자리에 들어가는 순간이나 반대로 잠에서 막 깨어나는 순간에는 어떤 정보들도 무의식적으로 비교적 쉽게 받아들이는 상태가 된다.

다시 말해, 잠을 자는 순간과 깨어나는 순간은 그 어느 때보다 내면적 활동이 활발한 때이고 의식적인 긴장이 느슨해져 있는 상태이기 때문에 좋은 암시도, 나쁜 암시도 그대로 내면으로 흡수하기 좋은 환경을 만들어주는 것이다.

위의 예에서 천재라는 말을 받아들이지 못했던 아이도 잠들기 전, 누군가가 부드럽게 귓가에서 "넌 충분히 능력이 많아. 넌 천재야"라고 속삭여준다면 훨씬 저항 없이 쉽게 그것을 받아들일 수 있다는 말이다.

바로 잠들기 직전의 상태와 잠에서 깨어날 때의 상태가 하루의 질을 결정지을 수 있다!

그리고 이것은 나아가 늘 같은 상태로 잠을 자고 일어난다면 그것이 인생 전체의 질에도 영향을 줄 수 있다는 것이다.

아이가 잠들 때 기분이 좋다면 그 좋은 느낌이 그대로 내면으로 흡수되어 '나는 기분 좋아. 내 인생은 좋아'라는 긍정적인 신념에 힘을 실어준다.

반대로 엄마에게 꾸중을 듣거나 우울한 상태로 잠자리에 든다면 '난 우울한 상태야. 내 인생도 우울해'라는 신념이 이것을 흡수해 그 덩치를 더 키우게 된다.

의식이 각성되어 있는 동안 수십 번 반복한 말보다 잠들기 전후에 하는 한마디가 훨씬 더 크게 아이에게 흡수된다.

그리고 매일 밤, 아침 반복된 상황은 아이의 인생에 또한 큰 영향을 미치게 된다.

이 책을 읽고 있는 독자들 또한 긴 세월 어떤 상태로 잠이 들고, 아침에 잠에서 깨었을 때 제일 먼저 어떤 상태의 생각들을 해왔는지 한 번쯤 돌아보기를 바란다.

'오늘 하루도 진짜 엉망이었어. 낮에 그 사람 생각할수록 기분 나쁘네. 아~ 내일도 힘들겠지. 어떻게 또 버티지….'

'또 아침이네. 아~ 짜증 나. 너무 싫어. 하루 종일 보낼 거 생각하니 벌써 지치네.'

잔인하지만 이런 생각들은 고스란히 여러분의 인생에 반영되어 있을 것이다.


필자가 강의를 할 때마다 사람들에게 강조하는 것이 있는데, 그것은 잠들기 전에 좋은 생각을 하고 아침에 눈을 뜰 때 감사하면서 하루를 시작하라는 것이다.

이 습관은 짧게는 하루를 변화시키고 장기적으로 가게 되면 반드시 인생의 질을 바꾸게 된다.


아이가 잘못한 게 있더라도, 집안 분위기가 좋지 않더라도 반드시 아이가 잠들 때는 모든 것을 풀고 걱정 없이 편안하게 기분 좋게 잠들 수 있도록 하라.

무심코 안고 잠들었던 걱정과 불안이 인생 전체에 깔릴 수도 있다는 사실을 늘 명심하라.

그리고 잠드는 순간에는 긍정적인 대화로 마무리 하는 것이 좋다.

아이가 어리다면 동화책을 읽어주는 방법도 좋고 아이가 제법 크다면 하루 있었던 일을 서로 조곤조곤 얘기하면서 긍정적인 결론을 짓고 잠을 자게 하는 것이 좋다. 그러면 그날에 있었던 부정적인 것들은 사라지고 긍정적인 부분만 내면으로 들어가게 되니 말이다.

필자의 경우는 딸아이가 자려고 누워있으면 가서 이런 말들을 해준다.

딸아이의 발과 손, 어깨, 머리를 가볍고 부드럽게 마사지해주면서 "발아! 오늘도 하루 종일 학교에 학원에 돌아다닌다고 힘들었지. 고생 많았어. 어깨야 그 무거운 가방 메고 다닌다고 얼마나 힘들었어. 정말 정말 수고했어. 고마워. 머리야! 수학문제 푼다고 고생했지. 덕분에 오늘도 칭찬을 받았다네. 정말 고마워. 이제 푹 쉬어."

처음엔 "뭐야. 오글거리게!"라고 하던 딸아이도 이제는 싫지는 않은지 미소를 띠고 이 모습을 지켜보다가 편하게 잠이 든다.

그리고 늘 자는 시간만큼은 다 잊고 즐거운 상상을 하라고 일러주기도 한다. 걸그룹처럼 예쁘게 되는 상상도 좋고, 멋진 방을 꾸미는 상상도 좋고, 커서 하고 싶은 일을 하는 상상도 좋고… 무엇이든 즐겁게 뇌를 놀게 하라고 한다.

잠드는 순간에 하는 상상의 힘은 정말로 대단하다.

실제로 뇌는 상상과 현실을 구분하지 못한다고 한다.

즐겁게 하는 상상만으로도 뇌는 즐거운 일을 마치 실제로 체험하고 있는 듯 긍정적인 에너지를 내면에 마구마구 입력한다.

그리고 이러한 것들은 내 안의 자원이 되어 어느 순간 실제 인생 속에서 현실로 드러나기 시작한다. 어떤 형태를 띠든 즐겁고 긍정적인 경험으로 말이다.

필자 또한 오랜 세월 이런 습관 속에서 살아왔는데, 대부분의 상상들이 현실로 만들어지고 있다는 사실을 지금까지도 매번 확인하고 있다.

잠드는 순간 즐거운 상상을 하며 슬며시 짓는 그 미소는 아이의 인생 전체를 미소 짓게 할 것이다.

아침에 일어나는 순간에도 아이의 기분을 최대한 편안하고 좋게 하라. 엄마의 짜증 섞인 잔소리에 억지로 눈을 뜬 아이는 '오늘 하루도 짜증 나겠구나'라고 이미 단정을 지어버린다.

물론 매일 아침 아이를 깨울 때마다 더 자려는 아이와 전쟁을 치르며 지쳐가고 짜증스러워지는 엄마의 마음을 누구보다 잘 안다. 처음에는 좋게 일어나라고 하지만 이게 몇 번을 반복하면서 점점 소리가 커질 수밖에 없지 않은가. 소리소리 질러야 겨우 몸을 일으키니 말이다.

하지만 우리 아이가 하루를, 인생을, 자신을 만들어 나가는 데 있어 가장 중요한 황금타이밍을 이대로 놓친다는 것은 너무나 안타까운 일이다.

처음에는 필자도 부드럽게 아이를 깨운다는 것이 힘들어서 음악을 이용하기도 했다. 시끄러운 알람 대신 아이가 평소 좋아하는 음악을 틀어서 아침을 알려주는 것이다. 그리고 지금은 습관이 되어 힘들지 않으면서 기분 좋게 깨우는 것에 나 또한 익숙해져 있다. 음악이 없어도 말이다.

"많이 피곤하지. 그래도 막상 일어나면 오늘도 즐거울 거야. 조금만 힘내자."

그렇게 깨운 날은 딸아이도 웃으면서 등교를 한다.


알고 보면 결코 어려운 것들이 아니다.

습관화해놓으면 그때부터는 말할 필요도 없이 쉬워진다.

다시 한 번 명심하도록 하자. 하루의 시작과 끝을 부드럽고 긍정적으로 맞이하는 아이는 성격도 부드러워질 수밖에 없다.

사랑의 말, 긍정의 말 등의 좋은 말을 해주고 싶다면 반드시 이 시간을 이용하라.

그리고 또 한 가지, 아이가 잠을 자는 동안에도 그 아이의 뇌와 내면은 활동을 하고 있다. 내가 옆에서 아이에게 속삭이는 말을 고스란히 듣고 흡수하고 있다는 말이다.

갓난아이를 재워놓고 부부가 옆에서 싸우고 있다면, 그 불안감은 고스란히 아이의 내면으로 흡수될 수 있다. 아이가 어리다고 또는 아이가 곤히 잠이 들었다고 무시하면 큰코다친다. 오히려 비판 기능이 쉬고 있는 상태에서 주변의 분위기나 암시를 더더욱 크게 받아들일 수 있다는 말이다.

평소 아이에게 애정표현이 부끄럽고 낯설어서 하기 힘들었다면 아이가 잠들었을 때 손을 잡거나 머리에 부드럽게 손을 올리고 속삭여 보자.

"미안해. 아까 낮에 많이 섭섭했지. 엄마가 괜한 자존심에 더 우겼던 것 같아. 미안해. 사랑하고 항상 고마워."

그 메시지를 받아들인 아이의 내면에는 그날 있었던 부모에 대한 원망 대신에 용서와 사랑이 자리를 잡게 될 것이다.

# 상상의 자리를 넓혀줘라

일전에 질문이 폭발적으로 증가하는 4~6세 아이들의 뇌 과학적인 관점에 대한 이야기를 들은 적이 있다.

"4~6세의 아이들이 질문을 할 때 부모나 선생님이 그것에 대한 즉각적인 답을 주입해서는 안 된다.

하늘이 왜 파란지에 대해 묻는 아이에게 '하늘은 바다에 비쳐서 파랗고, 하늘은 바다에 비쳐서 파랗다'는 식의 정보를 주입시키지 마라. 다시 아이에게 '왜 하늘이 파랄까?'라고 되물음으로써 아이가 스스로 상상하고 스스로 답을 찾을 수 있도록 만들어줘라.

그것이 기존에 저장된 정보들과 전전두엽과의 연결을 만드는 과정, 즉 뇌 신경망을 연결하는 과정이다. 그 과정에서 자신만의 창의적인 논리를 만드는 것이다.

그냥 답을 던져주는 것은 또 하나의 고정된 정보나 관념을 만들어주는 것일 뿐, 뇌 신경망을 만들지 않는다.

그리고 대부분의 아이들은 이미 자신들만의 답이 있고 어른이 그렇게 되물어주었을 때 망설임 없이 자신의 생각을 줄줄이 얘기한다."

요즘은 똑똑한 부모들이 참 많다. 많이 배운 부모들도 많고, 정보도 넘쳐나고, 아이들이 무엇을 묻든 스마트폰 하나면 바로 찾아서 알려줄 수 있다.

우리가 어렸을 때에는 정보도 없고 사는데 바쁜 부모들이 많아서 알려주고 싶어도 알려줄 지식이 없는 경우가 많았다. 그렇다고 해서 위에서 말한 것처럼 아이와 눈을 맞추며 '글쎄… 왜 하늘이 파랄까?'라고 말해주는 부모 또한 거의 없었다.

그 시절에 아동심리나 자녀교육, 뇌 과학 등에 대한 노하우가 어디 있었겠는가. 잘 먹여주고 학교 잘 보내주고 잘 입혀주면 잘 키우는 것이지. 그래도 개중에 생각 있는 부모들은 최대한 손찌검 하지 않는 것만으로도 자신의 인내심을 스스로 칭찬하며 아이를 잘 키우고 있다고 생각했을 것이다.

이건 우리의 부모님들이 무지하거나 우리를 사랑하지 않아서 그렇다는 것이 아니다. 요즘에는 인터넷이나 서점만 가도 '이렇게 아이를 키워라', '이렇게 아이를 대하라', '내 아이 영재 만들기'부터 '최고의 부모 되기' 등 좋은 부모가 될 수 있는 다양한 방법들을 제시하고 있다. 예전에는 당연히 알고 싶어도 알 수가 없었을 것이다.

그렇다면 요즘의 부모들은 예전과 정말 많이 다를까?

주변에 보면 아직도 주입식의 정보를 전달하는 부모들이 참 많다. 사실은 고백하건대 나 또한 그래 왔다. 귀찮아서 무시하거나 아니면 건성으로 아무렇게나 대답해주거나 좀 성의를 보여야지 하면 폰으로 뚝딱 검색해서 알려주는 식 말이다.

시대는 최첨단 정보의 시대인데 막상 실상을 보면 딱히 현명한 부모, 현명한 자식이 혁신적으로 많아진 것 같지는 않다. 여전히 예전의 부모나 지금 부모로서의 내 모습이나 크게 달라진 것은 없는 것 같다.

그 이유에 대해, 예전 우리가 어렸을 적 경험하고 입력시켜왔던 자원을 토대로 우리 아이들을 대하고 있기 때문은 아닐까 생각해본다.

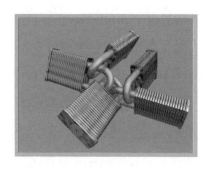

우리는 내 안의 신념, 내 안의 감정과 생각을 바탕으로

딱 그만큼의 세상을 본다.

'저건 불가능해'라는 신념으로 세상을 보면 세상은 온통 불가능한 것들로 가득 찬… 사방이 한계로 막혀있는 좁은 세상처럼 보이고, 우울했던 기억을 떠올리며 세상을 보면 세상 또한 칙칙하고 슬퍼 보인다. 기분이 좋은 날은 모든 게 다 아름다워 보이기도 하고 좋은 생각에 젖어있을 때는 세상 또한 활기차 보인다.

어찌 보면 인생이라는 것이 별거 있겠는가. 내 생각과 감정만큼이 인생일지도 모른다. 그날그날 생각과 감정에 따라 세상 전체가 오락가락하니 말이다.

이렇게 우리가 세상을 보는 눈처럼, 내 아이를 바라볼 때에도 내 신념, 내 생각, 내 감정, 내 기억에서 비롯된 정보들을 바탕으로 보고 있다.

이런 경우를 떠올려보자.

내가 기분 좋은 일이 있는 날은 아이의 모든 것이 사랑스러워 보인다. 실수를 해도 그 모습마저 사랑스러워 보인다. 내가 우울한 날은 아이가 무엇을 해도 사랑스럽지 않다. 내가 화가 나 있는 날은 아이가 별 실수를 하지 않았는데도 천하의 말썽꾸러기, 구제불능처럼 보이기도 한다.

이런 모습들은 단편적인 것들이고, 이렇게 우리는 우리가 단정 짓고 있는 세상 안에서 아이들을 바라본다.

알게 모르게 아이들에게 내 안의 신념을 고스란히 전달하고 있는 것이다. 나의 고질적인 생각, 감정들을 아이에게 그대로 들키고 있는 것이다.

나의 내면에서 불가능한 일은 그 아이에게도 불가능한 일이고, 나의 내면에서 안정적인 일은 그 아이에게도 안정적인 것이며, 나한테 유리했던 일은 그 아이에게도 유리한 일일 것이라고 우리는 은연중에 생각하고 아이에게 투영한다.

어느 날 한 지인분이 나에게 이런 하소연을 해왔다.

"우리 아들이 고3인데 너무 속상해 죽겠어요. 공부도 잘하는 아이인데 글쎄 경영학과를 간다지 뭐예요! 난 교육대를 가서 선생님이 되기를 바라는데 말이에요. 요즘 세상에 선생님만큼 좋은 직업이 어디 있다고. 에휴~"

나는 그때 그분에게 이렇게 말했다.

"큰 기업의 대표가 될 수도 있는 아들한테 왜 선생님을 하라고 하세요?"

"아니… 큰 기업에 대표가 어떻게 되겠어요?"

"네, 맞아요. 된다는 보장이 없죠. 그런데 안 된다는 건 어떻게 알 수 있어요?"

그러자 그분은 한동안 멍한 표정을 지으시더니 이내 자리를 뜨셨다. 그리고 이튿날 다시 만나게 되었는데 들뜬 표정으로 나에게 달려와 손을 덥석 잡는 것이다.

"어젯밤 아들에게 네가 원하는 것을 하라고 했어요. 아들이 진심으로 고맙다고 하더라고요. 그리고 아들이 왜 엄마 마음이 갑자기 변했냐고 묻길래, 네가 큰 기업을 이끄는 사장님이 될 수도 있을 것 같아서 우리 아들 그렇게 대단한 사람일 것 같아서 마음을 바꾸었다고 말했어요. 그러자 아들이 너무 기분 좋게 큰소리 내어 웃더라고요. 가슴이 뭉클한 순간이었어요. 부질없었던 오랜 고집이 가슴에서 풀려나가고 지금은 너무나 마음이 편해요. 진심으로 감사해요."

내가 이렇게 자랐다고 해서 아이도 그렇게 자랄 필요는 없다.

내 세상이 이렇게 생겼다고 해서 아이의 세상도 그러라는 법은 없다.

내가 알고 있고 내가 보는 세상은 어디까지나 내 자원들이 만들어낸 딱 그만큼이다. 내 신념에 내가 갇혀 살았다고 해서 아이들에게까지 한계를 만들어서는 안 된다.

단순하게는 하늘이 파란 이유를 되묻는 것으로 시작하지만 크게는 아이를 바라보는 나의 관점을 바꾸어야 함을 필자는 말하고 있다.


상상력의 공간은 인생의 보물창고이다.

앞장에서 상상력이 가지는 힘에 대해서 간단하게 언급하였다.

아이들이 하는 상상력의 힘은 우리보다 훨씬 더 강하다. 상상력의 공간이 커지면 커질수록 유연해지면 유연해질수록 아이의 인생 또한 커지게 된다.


아이와 대화를 할 때 토론식으로 하게 되면 아이의 상

상력이 더욱 풍부해질 수 있다.

사소한 일상에 대한 이야기를 나누더라도 먼저 '네 생각은 어때?'라고 물어보라.

그리고 무엇인가에 대해 조언을 해주더라도 '엄마 생각은 이러이러한데…'라고 시작하라. 내가 하고 있는 그 말이 절대적인 사실이 아니라 나의 주관적인 생각일 뿐이라는 것을, 그리고 너한테 더 좋은 의견이 있을지도 모른다는 것을 밝히게 되면, 아이들은 자기 생각은 이러이러하다고 말할 수 있는 용기와 여유를 가지게 된다.

이건 절대적인 사실이라고 말하는 순간 아이들은 그 사실 앞에 자신의 의견을 스스로 지워버리고 다른 경우의 관점을 닫아버리게 된다.

그리고 앞에서 언급한 것처럼 대화가 통할 정도의 아이라면 자기 전에 즐거운 상상을 할 수 있도록 유도해주고 상상이 현실이 될 수 있음을 이해시켜 동기부여를 확실히 잡아주는 것도 아주 좋은 방법이다.

어릴 적 부모들이 쥐여주는 인생의 도구들은 아이에게 아주 소중한 의미를 지닌다. 어릴 때 사용하기 시작한 도구를 아이들은 어른이 되어서도 무의식중에 사용하게 된다. 내가 어릴 적부터 써왔던 상상의 힘을 지금까지 쓰고 있는 것을 보면 말이다.

사춘기가 훌쩍 넘어선 아이들이라 죽어라고 부모의 말을 안 듣는다면, 상상의 힘에 관련된 책을 슬쩍 사서 선물해 보는 것도 괜찮은 방법이다.

그리고 이미 부모와 담을 쌓고 있는 아이라 하더라도 부모가 그들의 인생에서 한걸음 물러서 주는 것만으로도 훨씬 편안해하고 여유를 가질 수 있게 된다.

어쩌면 부모가 알게 모르게 단정 짓고 강요해왔던 세상 속에 자신들이 갇혀있었다는 것을 제대로 인식하기 시작하고, 자신만의 방식으로 벗어나기 위해 애를 써보는 시기가 바로 '사춘기'가 아닐까 하고 필자는 생각해본다.

그 말은 어릴 때부터 자유로운 상상력 속에서 세상을 유연하게 만들어온 아이들은 똑같은 사춘기도 훨씬 수월하게 보낼 수 있다는 말이다.

실제로 사춘기 때 유독 크게 사고를 치거나 힘들어하는 아이들의 경우를 보면 그 배경에는 반드시 부모에 대한 원망과 억압이 존재하고 있었다.

이미 사춘기가 훌쩍 지나가고 있다고 해서 포기하지는 말자.

"그럴 수 있겠구나… 내가 몰랐구나. 너도 많이 힘들구나."

이렇게 말하고 한걸음 물러선다면 아이들의 마음도 풀릴지 모른다. 하루아침에 행동이 변하지 않을지는 모르나 부모의 그런 달라진 말과 태도는 틀림없이 아이들에게 큰 자극제가 될 것이다.

# 자리가 사람을 만든다

몇 년 전, 우리나라 최초의 우주인이자 현재 바이오시스템학 박사로 있는 이소연 씨에 대해서 이런 기사를 읽은 적이 있었다.

이소연 씨는 어린 시절 바쁜 부모님을 대신해 할머니와 함께한 시간들이 많았는데 할머니는 어린 이소연 씨를 부를 때 늘 "이 박사~ 이 박사~"라고 하셨단다. 그렇게 불러주신 할머니 덕에 어린 나이에 실제로 박사가 되고 우주인까지 될 수 있지 않았을까 싶다. 아마 이 기사 이후에 자녀에게 "김 박사~", "최 박사~", "강 박사~"라고 부르는 집들이 여기저기 꽤 생겼을 듯하다.

단순한 기사였지만 나에게는 매우 많은 생각을 하게 만드는 계기가 되었다.

'자리가 사람을 만든다'라는 말을 들어본 적이 있는가?

대표 자리에 앉으면 대표로서의 능력과 책임감이 나오게 되고 아르바이트 자리에 있으면 아르바이트생만큼의 능력과 책임감이 나온다는 말이다. 실제로 이것을 토대로 몇 가지 실험을 하고 관찰해본 결과, 이 말에 상당한 신빙성이 있음이 입증되었다고 한다.

앞서 말했듯이 우리는 무엇이든 우리가 할 수 있다고 믿는 신념만큼만 하게 된다. 내 안에서 불가능하다고 말하는 것은 현실에서도 불가능하다고 믿어버린다.

그리고 우리는 인식을 하든 하지 않든 나에 대해 내려진 정의만큼 움직인다. 우리 안에 '나는 이것밖에 하지 못하는 사람'이라고 단정 지어진 신념이 형성되어 있다면 우리는 '이것' 안에서 영원히 벗어나지 않으려고 한다.

다시 말해 어릴 때부터 "네 목소리는 좋지 않아"라는 말을 들어오며 목소리에 대한 부정적인 신념이 형성되어있다면, 그 사람의 인생에서 가수라는 영역은 절대적으로 불가능한, 결코 이루어질 수 없는 영역으로 사라지고 만다.

그렇게 우리는 은연중에 내가 할 수 있는 영역은 선명하고 뚜렷하게 만들고 내가 할 수 없는 영역은 없애면서 한정된 나의 능력과 세상을 만들어간다.

우리는 무심코 아이들에게 이런저런 자리를 만들어준다.
무능력한 자리를 만들어주기도 하고 하찮은 자리를 만들어 주기도 하고 최고의 자리, 중요한 자리를 만들어주기도 한다.
그렇다면 기왕 만들어주는 자리, 중요하고 멋진 자리를 마련해주는 것이 좋지 않을까? 이소연 씨의 일화처럼, 지금 앉아있는 그 자리가 결국은 미래의 자리를 마련하는 바탕이 되고 있으니 말이다.

"김 박사~"처럼 말로써 아이들의 자리를 마련해줄 수도 있다. 그렇게 반복해서 부르게 되면 그 아이는 이미 그 직책의 자리에 앉아있는 것이다. 이것이 당연한 내 자리니 커서도 그 자리를 당연하게 끌어당기게 된다.

필자는 여기서 조금은 아쉬운 감이 있다.

내 눈에는 박사가 최고의 직업처럼 보일지 모르지만, 앞서 말한 것처럼 그 자리는 내가 만든 세상 안에서 최고이다. 내 아이의 한계 없는 세상에서는 더 멋진 자리가 존재할 수 있다.

그리고 매년 급속도로 변해가고 있는 세상에서 지금 말하는 최고의 자리라는 것이 무슨 소용이 있겠는가. 10년 뒤쯤에는 어떤 세상이 펼쳐질지 아무도 모를 일이다.


나도 예전에는 딸아이에게 의사라는 직업이 좋다는 것에 대해서 은연중에 늘 강조를 해왔다. 물론 내가 바란다고 다 되는 것도 아니고 그냥 좋다고 강조했을 뿐이지 이소연 씨 할머니처럼 한결같지도 않았고 구체적인 테크닉 (?)을 썼던 것도 아니다.

내 세상에서 의사는 너무나 멋진 직업이었다. 물론 공부하는 것도 힘들고 일도 힘들지만 아픈 사람들을 고치는 그 일이 내 눈에는 신처럼 보이는 것이다.

인생에서 몸에 병이 생기고 아픈 것은 큰 고통 중의 하나이다. 아무리 돈이 많고 아무리 능력이 많은들 몸이 아파 움직일 수 없다면 다 무슨 소용이란 말인가. 또한 인생에서 사랑하는 사람이 아파하는 것을 봐야 하는 것만큼 힘든 것이 또 있을까? 그러니 그 고통을 치유해주는 의사들이 단연 신처럼 보였던 것이다. 내 세상에서는 적어도 그러했다.

이렇게 어릴 때부터 은근히 주입을 해왔더니 어느 날부터인가 딸아이도 자기의 꿈은 의사라고 당당하게 말하는 것이다.

묘하게도, 그 당당한 말이 정말로 이루어질 것 같은 느낌이 들기까지 했다.

참 신기했던 것은 우연히 관상을 보시는 분을 딸아이와 함께 뵌 적이 있었는데 딸의 얼굴을 보더니 "의사 되겠네. 흰 가운을 입은 모습이 보이네"라고 하는 것이다. 물론 그 관상이 백 프로 맞다는 것은 아니지만 어느새 내가 어릴 때부터 주입해온 의사라는 신념이 딸아이를 둘러싸고 있는 것이 아닌가 하는 생각이 들었다.

세월이 점점 흐르고 정화와 소통이라는 것을 열심히 해오면서 '내가 무슨 짓을 하고 있는 것인가'라는 생각이 들기 시작했다. 내 세상에서 규정한 자리를 딸아이에 강요하고 있는 내 모습이 보였던 것이다.

그때부터 나는 딸아이에게 의사라는 꿈이 사실은 엄마의 기대에서 나온 것일 수 있고, 무엇을 하든 네가 가장 즐겁게 모든 능력을 발휘할 수 있는 곳에서 살았으면 한다고 이야기하기 시작했다.

그러자 어느 날 딸아이는 새로운 꿈들을 나에게 이야기하기 시작하는 것이다.

"난 선생님이 좋아. 아이들을 하나하나 돌봐주는 게 너무 좋거든. 그리고 비행기에서 한 명, 한 명 친절하게 챙겨주는 스튜어디스도 하고 싶어.

난 누군가를 돌봐주고 챙겨주는 일이 좋아. 그런 면에서 의사도 아픈 사람들을 챙겨주니 좋은 것 같아."

너무나 대견하게도 딸아이는 사람들을 돌봐주고 챙겨주는 따뜻한 자리에 스스로 앉아있는 것이다.

　우리는 우리도 모르게 아이에게 이런저런 말과 행동들
로 자리를 마련해주고 있다. 기왕이면 행복한 자리, 아이
가 진정으로 원하는 자리를 마련해주자.

　"네가 원하면 뭐든지 될 거야. 무엇을 하든 즐겁고 행복
할 수 있으면 돼."

　하나의 특정 자리에 초점을 맞추지 말고 행복, 즐거움
등의 긍정적이고 추상적인 자리를 넓게 마련해주면, 그
안에서 아이는 자신에게 딱 맞는 구체적인 자리를 찾아갈
것이다.

그리고 집안에서의 자리 또한 사회에서의 자리를 만든다.

집안에서 하찮은 자리에 앉아있던 사람은 밖에서도 익숙한 하찮은 자리를 찾아간다. 집안에서 높은 자리에 앉아있던 사람은 밖에서도 스스로 높은 자리를 찾아가 않는다.

여기서 높은 자리라는 것은 큰소리 치고 고집 피우는 권위적인 자리를 말하는 것은 아니다. 동등하게 서로를 존중해주는 자리를 말하는 것이다.

어린아이라 하더라도 가족의 일원으로서 중요한 자리에 있음을 인식시켜줘라.

사소한 것을 결정할 때 "넌 어려서 몰라. 어른들 얘기니까 빠져"라고 말하는 대신 "넌 어때? 넌 어떻게 생각해?"라고 물어주고 의견을 존중해주라는 것이다.

그럴 때 아이는 스스로를 가치 있는 자리에 앉아있는 중요한 사람이라고 인식하고 밖에서도 자신감 있는 자리에서 동등하게 상대를 바라보게 될 것이다.


얼마 전 TV에서 본 내용이다.

6살쯤 되는 여자아이가 동네를 발칵 뒤집고 다니는 것이다.

어른들도 잘 하지 않는 심한 욕설들을 만나는 사람들마다 퍼붓고, 할머니 할아버지에게 인사를 하기는커녕 욕설을 하거나 때리고, 동네 슈퍼마켓에선 과자를 들고 달아나기 일쑤고, 지나가는 아기들을 꼬집기 일쑤고… 정말 6살 아이가 하는 행동이라고는 믿기지 않을 정도로 험악했다. 동네 전체가 그 아이 때문에 큰 스트레스를 받고 있을 정도로 말이다.

말할 것도 없이 그 아이가 그렇게 된 배경에는 부모의 양육방식에 문제가 있었다.

부모 또한 그 아이에게 욕설을 퍼붓고 말을 잘 듣지 않는다는 이유로 손찌검을 하는 것은 예사였다. 엄마는 아이에게 너 때문에 못 살겠다는 말을 늘 입에 달고 사는듯 했고 아빠는 너무 미워죽겠다는 말에 진심을 담아 분노를 표현하고 있었다.

그러니 아이는 집안에서 당연히 사고뭉치 자리에 앉아 있는 것이다. 그리고 그 자리는 자연스럽게 바깥세상으로 옮겨졌다.

아동심리 전문가가 개입되고 작전이 짜지기 시작했다.

아주 인상적이었던 것은, 동네 사람들이 다들 입을 맞추고 이 아이에게 "아유~ 천사 같네. 너무 예쁘네!" 등의 칭찬을 하기로 한 것이다. 그리고 이 아이에게도 외출하기 전에 천사 옷을 입혀주었다.

그리고 처음 나가서 만난 동네 어른이 "와~ 정말 천사 같네. 너무 이쁘다!" 그리고 연이어 만나지는 아이들도 "와~ 천사다! 예쁘다!"

어리둥절한 아이는 그렇게 말하는 사람들에게 처음으로 웃어주고 인사를 하기 시작했다. 그러자 사람들이 "와~ 정말 착하구나. 역시 천사같이 착해"라고 말해주니 그 아이는 더더욱 신이 나서 착한 일들만 골라 하는 것이다. 모든 말들과 행동을 정말 천사같이 하는 것이었다.

역시 아이들은 정말 솔직하다. 정말 순수하고 솔직하게 자신의 자리만큼 행동하고 움직인다.


우리 아이가 집안에서 어떤 자리에 앉아있는지 살펴보라.

사고만 치는 자리에 앉아있는지, 존중받는 자리에 앉아

있는지, 외면당하는 자리에 앉아있는지, 사랑받는 자리에
앉아있는지 말이다.

아이는 그 자리에 어울리는 능력과 성향을 발휘하고 있
을 것이며 또한 지금의 그 자리가 미래의 자리 또한 영향
을 주게 될 것이다.

그 자리는 누가 만들어준 것인가.

바로 나이며 바로 당신이다.

# 감정 알아주기

자녀교육에 관심이 있는 부모라면 '감정 알아주기'에 대해 한 번쯤은 들어봤을 것이다.

감정 알아주기란 말 그대로 아이의 감정을 알아주고 표현해주는 것이다. 간단한 방법인 것에 비해 강력한 효과가 있기 때문에 이 책에서 한 번 더 언급하고자 한다.

학교에서 돌아온 아이가 가방을 거칠게 집어 던질 때 여러분들은 어떻게 반응하는가?

대부분은 '가방을 던졌다'라는 행위에 집중하게 되고 곧이어 이런 말을 쏟아낼 것이다.

"지금 뭐하는 거야!! 가방 바로 놓지 못해!!"

이럴 때 아이는 어떠한가? 설마 "네~ 잘못했어요"하며 반성하는 얼굴을 하고 가방을 챙기는 아이를 기대했는가.

하지만 대부분의 현실 속 아이는 더욱더 화가 나고 억울한 듯한 얼굴로 가방을 휙 하고 챙겨 들고는 방으로 가서 문을 쾅 닫아 버릴 것이다.

그렇게 그 아이와 나는 또다시 단절 상태로 이어지게 된다. 열이 가시지 않은 내가 기어이 방까지 쫓아가서 억지로 아이를 굴복시키려고 하거나 아이의 마음을 억지로 열려고 한들 상황은 더 악화되고 아이의 마음은 더더욱 굳게 닫힐 뿐이다.

이럴 때 만약 부모의 반응이 달라지면 어떻게 될까?

아이의 행위에 초점을 맞추는 것이 아니라 아이의 감정

에 초점을 맞추는 것이다. 그리고 그 감정을 알아주고 표현해주는 것이다.

"화가 나 보이네. 무슨 일 있었어? 화가 많이 난 걸 보니 꽤 심각한 일이었나 보구나."

아마 흠칫 놀라는 아이의 표정을 보게 될 것이다.

아이는 자신의 감정을 알아주는 부모에게 큰 위안을 얻는다. '내 마음을 알고 있구나. 내 편이구나. 왠지 말하면 위로를 해줄 것 같아'라는 생각을 하게 되고 강하게 조여 있던 마음의 문을 느슨하게 풀기 시작한다.

내 편일 것 같은 안도감이 들어야 마음도 열게 되고 이런저런 사연도 풀어놓을 수 있게 되는 것은 비단 아이뿐만이 아니라 어른들도 마찬가지 아닌가.

우리에게 고민이 있다면 누구에게 털어놓게 될까?

말만 하면 지적하고 잔소리하고 핀잔만 주는 다혈질의 삐딱한 친구에게 털어놓게 될까? 아니면 언제나 내 편을 들어주는 따뜻하고 부드러운 성격의 친구에게 털어놓게 될까?

특히 사춘기의 아이들은 대부분 부모에게 마음을 닫고

대화도 단절하고 자신만의 세상으로 숨어버린다.

이 시기의 아이들이 이런 행동을 하는 데는 다 그만한 이유가 존재한다. 10년이 넘는 세월 동안 부모와 나누었던 경험들을 바탕으로 '나를 인정해주지 않아. 본인 생각만 옳아. 그러니 어차피 아무 소용없어'라는 결론을 이미 내렸기 때문이다.

특히 예민하고 감정적으로 힘들 수밖에 없는 사춘기 시절에는 더더욱 외면당하는 것에 대한 불안감과 상처가 더 클 것이기 때문에 아이들은 더욱 굳게 자신을, 자신만의 방식대로 지키려고 하는 것이다. 그리고 그 방어막이 단절과 반항으로 나오게 된다.

실제로 사춘기 아이들 중에서도 특히 심각한 문제를 보이는 아이들을 상담해보면 과거 부모로부터 받아왔던 억압과 부정적인 경험이 훨씬 더 많다는 것을 쉽게 알 수 있다.

감정이라는 것은 자신을 알아봐 달라고 드러나는 것이다. 그런데 알아봐 주지 않고 외면하거나 억압하는 것은 그 감정을 크게 키워 내면으로 집어넣는 것이다.

이렇게 내면에서 농축된 감정은 두고두고 인생에 큰 영향을 미치게 된다.

고질적인 감정적 문제를 가진 사람은 제대로 된 인생을 볼 수가 없다. 자신의 감정대로 세상에 색을 입혀놓고 착각 속에서 살아가게 된다.

사춘기 때 풀어지지 못하고 농축된 감정이 내면에 뿌리를 내리게 되었다면, 그것은 성인이 된 후에 심각한 증세로 나타나기도 한다. 예를 들어 분노조절 장애나 우울증, 조울증 등의 형태로 말이다.

어릴 때부터 부모로부터 인정받고 존중받아온 아이는 똑같은 사춘기도 훨씬 수월하게 보낸다.

내 아이가 사춘기에 남들보다 격렬하게 반항한다면 그것은 틀림없이 내가 다른 부모보다 격렬하게 아이를 더 억압해왔다는 것이다. 물론 사랑이라는 이름 아래에서 그랬거나 아니면 인식하지 못했던 상황들에서 그렇게 해왔겠지만, 어찌 되었든 원인 없는 결과가 나온 것은 아니란 것이다.

그렇다고 망연자실할 필요는 없다.

사춘기는 그동안 함께했던 시간 동안 쌓였을지도 모를 아이와 나와의 오해를 풀고 용서를 구하고 새로 시작할 수 있는 최고의 기회이기 때문이다.

그리고 최고의 방법이 바로 '감정 알아주기'이다.

감정을 알아준다고 해서 아이의 행동이 하루아침에 바뀐다고는 말할 수 없다. 하지만 꾸준히 하게 되면 틀림없이 아이의 행동이 서서히 바뀌게 된다.

그리고 아이의 반응에 상관없이, 아이의 내면은 자신의 감정을 인정해주고 보듬어주려는 부모의 말에 스스로 자신의 감정을 풀어내고 치유하기 시작한다.

언제든 무슨 말을 꺼내도 위로를 해줄 것이라는 부모에 대한 신뢰가 형성되면 아이는 자연스럽게 의지하고 기대게 될 것이다.


이렇게 감정을 알아주는 것이 비단 사춘기 아이에만 좋은 것은 아니다. 어릴 때부터 감정을 알아주고 표현해주게 되면 아이는 부모와 하나라는, 내 편이라는 끈끈한 교감을 느끼게 되고 신뢰가 형성되게 된다.

그리고 이렇게 감정을 표현하고 풀리는 느낌을 경험한 아이는 성인이 되어서도 자신의 감정을 컨트롤 할 수 있게 되고 타인의 감정까지 짚어줄 수 있는 사람으로 성장하게 된다.

아이의 행동에 집중하지 말고 아이의 감정을 보라.

행복한지 즐거운지 화가 나 있는지 슬퍼하는지… 그리고 그 감정을 함께 표현하고 풀어주도록 하라.

간혹 아이에게 화를 내지 않고 감정을 알아주는 것이 마치 싸움에서 지는 것처럼 억울하다는 부모가 있다. 나와 싸우려고 나온 존재가 아님에도 끊임없이 아이와 기싸움을 하고 있는 부모가 종종 있다.

아이의 감정을 보듬어주는 것은 내가 작아지는 것이 아니다.

아이를 크게 만드는 것이고 자신을 크게 만들어준 부모를 아이는 더 크게 바라볼 것이다.

굳이 이겨야겠다면 존경받는 부모가 되는 것이 진정 이기는 것이 아니겠는가.

# 생각 환기시키기

앞장에서는 감정이 내면에 쌓여있지 않도록 풀어내면서 동시에 아이와 나 사이의 신뢰의 길을 형성시킬 수 있는 방법인 '감정 알아주기'에 대해서 살펴보았다. 이번 장에서는 부정적인 생각을 전환하는 방법에 대해서 알아보겠다.

반복적으로 지속된 생각은 서서히 신념의 형태가 되어 내면의 자원을 형성하게 된다.

이 말을 뇌 과학적으로 살펴보자면, 반복적인 생각은 끊임없이 뇌 신경망을 자극하게 되고 결국은 이것에 해당하는 뇌 신경망이 새롭게 구축되면서 하나의 신념으로 자리를 잡게 된다는 것이다. 그리고 이 신경망에서 흘러나온 해당 성질이 담긴 단백질 성분은 온몸의 혈액을 통해

세포 구석구석까지 전달된다.

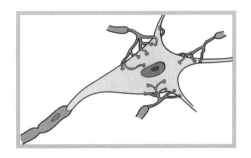

　이렇게 나의 몸 전체와 내면에 자리를 잡은 고질적인 신념은 의식적인 조절과 통제를 벗어나 그에 상응하는 말과 행동, 생각 그리고 감정을 일으키며 이와 함께 그것에 상응하는 인생 또한 형성시키게 된다.

　그러므로 생각과 감정을 늘 살펴보고 다스리는 것은 인생을 살아가는 데 있어 아주 중요하다. 무의식중에 반복하고 있는 부정적인 생각과 감정이 없는지 잘 살펴보고 정화해나가야 삶이 편해지는 것이다.

　아이가 부정적인 생각에 초점을 맞추고 있다는 것을 알

아차리게 되면 부모는 그것을 얼마든지 긍정적인 초점으로 자연스럽게 돌려줄 수 있다.

아이의 말에 귀를 기울여보라.

그리고 아이가 부정적인 것에 지나치게 집중을 하고 있다면, 그 말을 충분히 잘 들어주고 감정을 알아주면서 먼저 신뢰를 형성시킨 후, 그 아이의 생각을 환기시켜주는 것이다.

이때 충분히 그 아이의 말을 들어주지도 않고, 감정을 짚어주지도 않고, 성급하게 긍정적인 방향으로 이끌려고 한다면 아이는 자기 말이 무시당하고 자기의 감정이 외면당했다는 느낌에 더 큰 좌절감으로 마음을 닫게 될 것이다.

충분히 들어주고 감정을 알아준 후, 아이의 표정과 행동이 나에게 호의적인 상태가 되었다면 간단한 몇 마디로 그 생각을 환기시켜줄 수 있다.

그냥 긍정적인 단어들을 부드럽게 사용해서 함께 결론을 유도해나가는 것만으로도 얼마든지 생각의 환기가 일어난다는 것이다. 말이 아니어도 좋다. 이해해주고 감정을 충분히 짚어주었다면 함께 즐거울 만한 것을 찾아보는 것도 좋다.

 사춘기인 딸아이는 종종 친구들을 향한 불만이나 가족에 대한 불만, 학교에서 있었던 억울했던 일에 대해서 토로할 때가 있다.

 "○○는 정말 이러이러해서 짜증 나. 나한테 이런 식의 행동을 했는데 정말 기분 나빴어."

 "그랬구나. 정말 기분 나빴을 것 같아. 엄마라도 그랬을 거야."

 충분히 들어주고 아이가 만족스러워하게 되면 그때 부드럽게 긍정적인 초점으로 넘어가 보는 것이다.

 "그럼 이번엔 네가 좋아하는 친구들 얘기를 해보는 건 어때? 엄마는 그것도 궁금하거든."

 "좋아하는 친구들 많지! △△는 이런 점이 넘 좋고, □□는 이래서 넘 예쁘고~~"

 "그렇구나. 주변에 좋은 친구들이 많아서 정말 좋겠다. ○○한테도 장점이 있지 않을까?"

 "음… 당연히 있겠지. 아! 그러고 보니 ○○는 글씨를 정말 예쁘게 쓰는 거야. 나도 배우고 싶을 정도라니까."

　이런 식으로 아이가 기분 나빴던 일을 3가지 얘기하면 그다음은 감사했던 일을 3가지 이상 자연스럽게 이야기하는 방법으로 결국은 기분 좋고 감사한 하루였음을 상기시켜주는 것이다.

　말이 매끄럽게 진행되지 않는다면 굳이 긍정적인 결과로 무리해서 이끌 필요는 없다. 충분히 감정을 알아주고 잘 들어주는 것만으로도 이미 부정적인 부분이 많이 해소됐을 것이므로 아이에게 즐거울 만한 일을 제안하는 것으로도 얼마든지 환기를 시킬 수 있다.

　"힘든 하루였겠구나. 힘내라는 의미로 오늘은 특별히 네가 좋아하는 카레라이스를 해줄게."

　감정을 알아주게 되면 아이의 마음은 열리게 된다.

　그리고 부드럽게 생각의 초점을 긍정적으로 유도해주면 그 마음속에 갇혀있던 부정적인 공기들이 활짝 열린 문을 통해 환기되어진다.

　마음이 가벼워지면 인생도 가벼워진다.

# '화'는 '훈육'이 아니다

아이의 감정도 알아주어야지, 살살 눈치 보면서 생각도 긍정적으로 환기시켜주어야지, 정말 자식이 아니라 상전인 듯하다며 한숨짓는 독자들이 있을지도 모르겠다.

이렇게 아이 마음 상처받지 않게 하라 하니… 그럼 꾸중도 하지 말고 무조건 오냐오냐 좋은 말만 해야 하는 거냐고 되묻는 독자들 또한 있을지 모르겠다.

그런 것은 결코 아니다. 부모로서 아이에게 바로잡아주고 가르쳐야 할 부분이 틀림없이 많다. 이 세상에는 너무나 많은 규칙들이 있지 않나. 내 아이가 아무리 착한 유전자를 가지고 태어났다 하더라도 사회에 존재하는 기본적인 도덕이나 예의범절, 규칙 등의 정보까지 다 알고 태어난 것은 아니다. 자라면서 부모의 품에서 충분히 배우고 익혀야 할 것들이다.

그렇기 때문에 아이를 키우면서 훈육, 훈계는 필수적인 부분이다.

필자가 말하는 것은 아이들의 안정적이고 안락한 생활을 위해서 기본적으로 알아야 할 부분까지도 간과하고 좋은 말만 하라는 것은 아니다.

훈육과 훈계를 하되 진짜 훈육, 진짜 훈계를 하라는 것이다.

잠시 훈육과 훈계의 사전적 뜻을 살펴보겠다.

훈육 : 품성이나 도덕 따위를 가르쳐 기름.

훈계 : 잘못하지 않도록 타일러 주의시킴.

얼마든지 훈계하고 훈육하라.

다만 '화'와 이것을 구분할 줄 알아야 한다.

내가 열 받아서 화를 내는 것과 이 아이에게 품성이나 도덕 따위를 가르쳐주고 잘못되지 않도록 타일러 주의시키는 것과는 완전히 다르다는 것이다.

'화'는 싸우겠다는 결의이고, 싸우면 이겨야 직성이 풀리는 법이다. 나를 위한 싸움이니 진다 싶으면 억울한 생각이 들고 감정은 점점 더 격렬해질 수밖에 없다.

훈육이라는 것은 말 그대로 온전히 아이를 위한 것이다. 아이가 그것을 제대로 못 알아듣고 엉뚱한 소리를 한다고 해서 내가 열 받고 화날 일은 아니라는 것이다.

훈육이나 훈계를 나를 위해서, 나의 거슬리는 그 어떤 감정을 해소하기 위해서 하게 된다면, 그것은 더 이상 아이를 위한 것이 아니다. 그것은 단지 내 안의 '화'를 훈육과 훈계를 가장해 아이를 향해 표출시키는 것일 뿐이다.

'화'라는 감정이 잔뜩 묻어있게 되면 훈육과 훈계의 진짜 전달하고자 했던 메시지는 이미 흔적도 찾아볼 수 없게 된다.

적어도 아이의 눈에는 그런 메시지는 전혀 보이지 않고 오직 자신을 향해있는 부모의 '화'만 보일 것이다.

아이를 향해 하고 있는 나의 훈육과 훈계를 찬찬히 살펴보길 바란다. '화'라는 감정을 얼마나 많이 실어왔는지 말이다.

엄격하고 무서운 부모 밑에서 자란 아이라고 해서 다 예의가 바르고 착한 것은 아니다.

훈육을 받은 아이는 제대로 알아들었을 것이고 훈육을 가장한 '화'를 받은 아이는 그냥 '화'만 쌓았을 뿐이다.

그렇다고 아이를 향해 올라오는 화를 무조건 억누르라는 말은 아니다. 적어도 솔직해지라는 것이다. 적어도 그것의 정체와 효과가 무엇인지 알고 하라는 말이다.

'내가 화를 낸 것은 자식의 앞날을 위해서 어쩔 수 없었어'라는 것은 변명일 뿐이다. '화'라는 감정은 누구의 앞날 따위를 걱정하지 않는다.

화를 냈으면 낸 것이다. 다만 '내가 또 감정을 실어서 아이에게 윽박질렀구나. 결국 전달된 것은 화밖에 없겠구나'를 인정하면 된다.

그리고 기회가 된다면 나중에 아이가 기분 좋아 있을 때 그 부분에 대해 사과하고 이해를 받는 것이 좋다.

우리 아이는 우리보다 훨씬 관대하다. 그렇게 인정하고 사과하는 것만으로 아이의 마음은 바로 풀어진다.


'화'는 '화'일뿐이다. 참지 않아도 된다. 그냥 알자.

화를 내더라도 지금 이 순간 내가 하고 있는 이것이 훈육이 아니라 '화'일뿐이라는 것을 인식하자. 그렇게 알아차리는 순간 '화'라는 감정에 힘이 조금씩 빠짐을 느끼게 될 것이다.

'화'는 알고 보면 참 부끄러움도 많고 소심한 존재이다. 아무도 쳐다보지 않을 때는 미친 듯이, 끝도 없이 잘났다고 기세등등하다가 내가 그것을 알아차리고 바라보면 슬금슬금 눈치를 보며 서서히 꼬리를 내리기 시작한다.


부드러운 말로 하는 훈육이나 훈계는 훨씬 더 강력한

효과를 낸다. 정말 필요한 메시지를 아이에게 알리고 싶으면 긴장감과 화남에 아이가 마음을 꼭꼭 닫고 있을 때 하지 말고 마음을 활짝 열고 있을 때 하자. 닫힌 문 앞에서 고래고래 소리 질러봤자 아무 소용없으니 말이다.

훈육이나 훈계에 '화'라는 감정을 싣는 순간, 그 원래의 목적은 사라져버림을 명심하자.

# 어차피 넘쳐나는 정보 속에서
# 살아야 한다면

어차피 넘쳐나는 정보 속에서 살 수밖에 없다면 그것에 끌려다니지만 말고 적극적으로 활용하라.

요즘 우리는 정말 말로 표현할 수가 없을 정도로 넘쳐나는 정보들 속에서 살아가고 있다. 우리가 들고 다니는 스마트폰은 거의 만능박사 수준이다. 모르는 것이 생기면 바로 검색해서 모든 것을 알아낼 수가 있다.

언젠가 드라마를 보며 "저 여자주인공이랑 남자주인공 나이가 어떻게 되지? 잘 어울리네"라고 혼잣말로 중얼거렸는데 뒤에 있던 딸아이가 거의 실시간으로 "남자는 36살이고 여자는 35살이네"라고 하는 거다. 뒤를 돌아보니 역시나 딸아이는 스마트폰을 손에 들고 자랑스럽게 미소 짓고 있었다.

순간 '참 편리하고도 무서운 세상이다'라는 생각을 잠깐 했던 것 같다.


다들 정보의 위험성 정도는 어느 정도 알고 있을 것이다.

물론 완벽하게 정확하고 긍정적이고 도움되는 정보만 있다면 뭐가 문제이겠는가.

하지만 통제되지 않은 무분별한 정보들이 넘쳐나는 것이 현실이며, 무엇을 믿어야 할지 혼란스럽기만 한 불투명한 정보들 또한 엄청나다. 아니 믿을만한 매체를 통해 당당하게 소개된 정보들도 어느 날 다시 알아보니 믿을만한 정보가 아니더라 말하기도 한다.

어떤 곳에서는 커피의 위험성을 알리고 어떤 곳에서는 커피가 실은 몸에 좋다고 강조한다. TV의 어느 프로그램에서는 "이렇게 해야 한다"라고 주장하고, 채널을 돌려 다른 프로그램을 보면 같은 주제에 대해 "아니다. 저렇게 해야 한다"라고 주장한다.

'어쩌란 말인가. 하라고? 말라고? 커피가 좋다고? 안 좋다고?'

감수성이 풍부한 아이들은 이런 정보들에 더 쉽게 영향을 받을 수밖에 없다. 또한 무분별한 정보들 속에서 무엇이 자신에게 정말 유리한 것인지에 대한 판단력이 부족하기 때문에 잘못된 정보로 인해 위험에 빠질 확률이 어른보다 훨씬 높은 것이 사실이다.

어차피 초등학교만 가도 각자 손에 스마트폰 하나씩 다들고 다니는 세상에 아이 스스로가 검색하고 알아내는 정보들을 일일이 간섭하고 차단하는 데는 한계가 있을 수밖에 없다.

일일이 신경 쓴다 하더라도 몇 년일 뿐, 사춘기에 접어들어 부모의 접근을 꺼리는 상태라면 아이의 스마트폰이나 그 밖의 정보 경로를 신경 쓰고 차단한다는 것은 거의 불가능하다.

그렇다면 우리는 그냥 이대로 정보의 물결 속으로 떠내려가는 아이를 무기력하게 바라볼 수밖에 없을까?

아니다. 아이가 어떤 정보를 접하는지에 집중하는 데는 한계가 있음을 인정했지만, 내가 아이에게 어떤 정보를 줄 것인지는 남아있다.

어차피 넘쳐나는 정보의 시대에 살 수밖에 없다면, 긍정적이고 도움이 될 만한 정보를 자주 아이에게 노출시키는 것이다.

얼마 전 지인 한 분이 전화를 하셨다. 아이 문제 때문이라는 것이다.

초등학교 5학년 딸이 얼마 전부터 불안증이 생긴 것 같다고 말씀을 하셨다. 밤에 혼자 자는 것도 무서워하고 매사 작은 일에도 불안해한다는 것이다.

필자가 봤을 때는 큰 문제는 아닌듯했다. 분명히 불안증이 생긴 것은 문제라고 할 수 있겠지만, 그 집 아이만 그런 것이 아니라 요즘 대부분의 아이들이 그러니 특별한 문제처럼 느껴지지 않았다. 또한 왜 불안증이 생길 수밖에 없는지 명백한 이유가 있으니 더더욱 심각한 문제는 아닌 듯 보였다.

"혹시 뉴스나 인터넷 기사를 딸이 자주 접하나요?"

"네, 하루도 빠지지 않고 봐요."

"드라마도 자주 보겠죠?"

"네, 늘 같이 보죠."

"엄마가 평소 때 걱정이 많으신가요?"

"네, 제가 예민해서 걱정도 많고 고민도 많은 편이에요. 선생님 우리 딸 어쩌죠? 상담 좀 해주세요."

"아니요. 상담이 필요 없을 것 같습니다. 저도 딸처럼 불안한걸요.

매일 뉴스에선 금방이라도 전쟁이 터질 것처럼 위험한 상황을 반복해서 보도하고, 그 다음으로는 정치권에서 일어나는 갈등과 싸움을 보도하고, 그 다음엔 살인사건 같은 자극적인 사건들을 알리고, 마무리는 황사와 미세먼지

농도가 나쁜 상태이니 마스크를 쓰지 않으면 호흡기 질환이 반드시 생기게 될 것이라고 하죠.

인터넷 기사를 보면 각국에서 터지는 사건 · 사고들, 테러, 지진 등의 재해 상황이 실시간으로 올라오고 전국, 아니 전 세계에서 일어나는 온갖 시시콜콜한 사건들이 다 검색되며 틈틈이 우리 국민 중의 절반 이상이 암으로 사망한다고 강조하는 보험광고를 보게 되죠.

건강을 위한 TV 프로그램이라고 해서 보면, 이것도 먹으면 안 된다, 저것도 먹으면 안 된다, 이렇게 따라 하지 않으면 큰일 난다…. 이런 상황에서 불안하지 않으면 그게 이상한 거죠.

저도 이런저런 정보들에 빠져있을 때면 불안해지는걸요. 하물며 이제 겨우 5학년이잖아요.

가정이 전부였던 어린아이가 성장해가면서 실제 세상 돌아가는 것에 눈을 뜨기 시작했으니 당연히 불안할 겁니다. 안정적인 줄로만 알고 살았던 세상의 실체를 알아가면서 사실은 자신이 얼마나 위험하고 불안정한 곳에 있는지를 알게 되니 당연히 불안한 겁니다. 거기에다 엄마까지 걱정스런 표정으로 아이를 바라보고 불안해하니 아이는 이 세상이 더더욱 무섭고 불안한 겁니다. 감당하기 힘든 부정적인 정보들 안에서 휘청거리고 있는 겁니다.

그리고 아이에게 '불안증'이라는 병명을 함부로 붙이지 마세요. 그 순간 아이는 정말 그 병 안에 자신을 가두게 됩니다.

그리고 섣불리 상담을 받게 되면 아이는 속으로 '역시나 내가 문제가 있구나. 내가 지금 심리적으로 이상한 상태구나'라고 자신을 판단하고 위축될 것입니다. 상담은 반드시 꼭 필요할 때만 하는 것이 좋습니다. 가장 좋은 방법은 가정 내에서 부모와 함께 푸는 것입니다.

우선 엄마의 불안하고 예민한 마음과 걱정부터 정화하십시오.

그리고 아이에게 늘 밝고 안정적인 모습을 보여주세요. 세상 앞에 엄마는 아주 강하고 편안한 사람이라는 신뢰를 주세요.

그리고 되도록 불안감을 키울 수 있는 뉴스 같은 매체는 자주 접하지 않도록 도와주세요.

그리고 좋은 기사, 미담과 같은 따뜻한 소식을 함께 읽고 좋은 영화 좋은 음악 등을 함께 들어주는 겁니다.

또한 사건사고가 너무 강조되어졌을 뿐 생각보다 이 세상이 따뜻하고 위험하지 않다는 것에 대해 함께 이야기를 자주 나누세요.

또한 지금 네가 겪고 있는 증세는 다들 그 시기에 가질수 있는 아주 평범한 과정일 뿐, 전혀 문제가 아니니 심각할 필요가 없다며 편하게 웃으면서 말해주세요.

그것만으로도 아이는 서서히 안정을 찾아가게 될 겁니다."

사실 우리 딸도 그렇다. 조금만 머리가 아프면 인터넷에서 '머리가 아픈 이유'를 검색하고는 심각한 얼굴로 "엄마 나 아무래도 뇌종양인가 봐. 증세가 비슷해"라고 한다. 아… 정말 모르는 게 약이라고 했던가.

얼마 전엔 이런 일도 있었다.

어느 지인의 딸이 어린이집에서 선생님께 학대를 당했다는 것이다. 5살 된 딸이 집에만 오면 머리를 때리는 흉내를 계속 내었다고 한다.

이를 보고 이상히 여긴 지인이 어린이집에 가서 확인해

본 결과, 정말 선생님께 매일 머리를 맞으면서 학대를 당했던 것이었다.

얼마나 억장이 무너질 일인가. 눈에 넣어도 아프지 않을 예쁜 내 딸이 어린이집에서, 그것도 내 돈 주고 보낸 어린이집에서 그렇게 구박을 받고 왔다니 말이다. 결국은 소송으로까지 진행되게 되고 사태는 점점 심각해지게 되었다.

나는 부모도 부모지만 아이가 걱정되었다. 그 아이는 이 상황에서 얼마나 불안할까? 어쩌면 선생님께 맞았던 순간보다 자기 앞에서 울고불고 화내고 주변 사람들한테 하소연하며 한숨 쉬는 부모의 모습 속에서 더더욱 불안해할지도 모른다.

당연히 아이를 학대했으니 부모가 나서서 그만한 현실적인 책임을 물어야 할 것이다.

여기서 필자가 당부할 것은 아이를 그 사태에 끌어넣지 말라는 것이다. 어른들의 문제 속에 아이를 집어넣지 말라는 것이다. 아이 앞에서는 최대한 안정적이고 태연한 모습을 보이는 것이 좋다.

부모가 불안해하고 화를 내면 그 모습을 보는 아이는

몇 배로 더 불안해한다. 왜냐하면 아이에게 부모는 세상 전부이기 때문이다.

뒤에서는 어떤 식으로 해결을 하더라도 우선 아이를 안심시켜야 한다.

"○○야! 선생님한테 맞을 때마다 많이 서럽고 아팠지? 미안해. 엄마가 빨리 알아주지 못해서. 다음엔 더 신경 쓸게.

그리고 엄마가 알아봤더니 우리 ○○가 미워서 그랬던 건 아니었대. 선생님이 실은 잘 돌봐주고 싶었는데 너무 바쁘고 힘들어서 실수로 그랬었나 봐. 선생님이 진심으로 미안하다고 전해달라고 했어. 우리 용서해주자."

부모의 반응을 보면서 아이는 이 사건을 자신의 인생에 씻을 수 없는 트라우마, 그리고 자신은 피해자, 세상은 정말 믿을 수 없고 위험한 곳이라는 신념을 만들 수 있다.

그리고 반대로 부모의 반응을 보면서 아이는 '알고 봤더니 선생님도 실수를 했던 거구나. 큰 문제가 아니었네. 별일 아니니 용서하자'라고 생각하곤 인생에 큰 영향을 주지 않도록 깨끗이 잊어버릴지도 모른다.


아이에게 긍정적인 영향을 줄 수 있는 정보를 어릴 때부터 지속으로 노출시켜주게 되면 이 아이의 내면에는 긍정적인 자원의 신념이 형성되게 된다.

앞서 설명했듯이 우리 안의 '비판력'이라는 부분은 새로운 정보나 자극이 주어졌을 때 기존의 내면에 입력되었던 자원과 비교분석을 해보고 일치하지 않으면 거부해버린다.

이처럼 어릴 때부터 긍정적인 자원을 많이 쌓아온 아이라면 자라면서 새롭게 접한 부정적인 자극들이나 정보들에 대해 분석하고 비교하면서 스스로 거부하고 조절할 수 있게 되는 것이다.

‘사지 없는 인생’이라는 사회단체를 이끌고 있는 ‘닉 부이치치’라는 사람을 아는가?

닉 부이치치는 태어날 때부터 두 팔과 두 다리가 없는 중증 장애를 가지고 있는 사람이었다.

이런 환경과 학창시절의 왕따 속에서 삶을 포기하려고 했던 적도 수없이 많았다고 한다. 하지만 그는 어느 날 마음을 완전히 바꾸어 살아있다는 것에 대한 감사함과 삶의 희망을 찾기 시작했다고 한다.

그 후 그는 호주 로건 그리피스 대학에서 회계와 경영을 복수 전공하였고 지금은 다른 이들처럼 스케이트보드와 서핑을 즐기고 취미로 골프와 드럼을 치는 사람으로 살고 있다.

또한 ‘뉴욕타임스’ 베스트셀러 작가이기도 하며 ‘사지 없는 인생’이라는 단체의 대표로서 세계 곳곳을 여행하며 수많은 사람들에게 희망과 동기부여의 연설을 하고 있다.

자신의 모습을 인정할 수 없었던, 그래서 모든 삶을 포기하려고 했던 순간에 그를 완전히 변할 수 있게 했던 것은 하나의 정보 때문이었다.

그것은 그의 어머니가 그에게 내민 한 장의 기사였다.

그 기사에는 자신과 같은 중증의 장애를 가진 한 사람이 신체적 조건을 극복하고 타인을 위해 봉사하며 행복하게 살고 있다는 내용이었다. 그것을 접하면서 닉 부이치치는 저 사람이 할 수 있다면 나도 할 수 있다는 확신을 가지게 되었다고 한다.

이렇게 잘 활용한 정보는 아이의 인생에 엄청난 영향을 줄 수 있다.


부정적인 정보를 모두 차단할 수는 없다.

하지만 긍정적인 정보로 부정적인 자원을 정화할 수는 있다. 부정적인 정보에 집중하지 말고 긍정적인 정보에 집중하도록 하자. 무엇이든 집중하면 커지는 법이다.

내 아이는 지극히 정상이며 현명한 아이이다. 다만 무분별한 정보들이 아이를 잠시 혼란시켰을 뿐이다.

정보로 길을 잃은 아이에게 정보로 길을 잡아주자.

# '중독'으로부터
# 아이를 보호하려면

아이나 어른이나 '중독'이라는 것에 한번 빠져들게 되면 오랜 시간 고통을 받을 수밖에 없다.

극단적으로는 알콜중독, 도박중독, 쇼핑중독, 게임중독 등으로부터 넓은 범위로는 어떤 특정한 사람에 대한 중독, 어떤 하나의 고질적인 감정의 중독, 음식에 대한 중독 등 다양한 종류의 중독이 있을 수 있다.

중독은 지금 내가 빠져있는 것보다 어차피 더 나은 것은 없을 것이라는 회의적인 단정에서 비롯된다. 이것만이 나를 만족시킬 수 있고 이것만이 나를 즐겁게 할 수 있다는 획일적인 판단을 스스로에게 내려버린 것이다.

그들이 보는 세상은 너무나 한정적이며 별 볼 일 없는

세상이기 때문에 이것을 놓고 다른 것을 찾아본다는 것은 그들에게 아무런 의미가 없어 보인다.

아이들의 게임중독 또한 비슷한 관점에서 비롯된다.

게임을 하는 것 외에 더 재미있는 일은 없을 것이며, 게임만이 나를 진정으로 즐겁게 만들어줄 것이며, 이 일만이 나의 스트레스를 풀게 해줄 것이며, 내가 느낄 수 있는 성취감은 유일하게 이 공간에서만 가능할 것이라는 등의 생각을 사실화시켜버린 것이다.

그렇다면 왜 아이들은 이런 생각 속에 갇히게 되었고, 또 이러한 생각들은 어디서 비롯된 것일까?

사실 게임중독에 빠져있는 아이들은 아무런 죄가 없다. 강하게 올라오는 생각들을 그냥 받아들였을 뿐이다.

심각한 게임중독을 부추기는 생각과 감정 뒤에는 반드시 어릴 때부터 쌓여왔던 신념이 뒷받침되어있다. 그리고 이 증상을 따라가 보면 결국은 결핍과 불만족에서 비롯된 신념인 것을 쉽게 알 수 있다.

결핍 속에서 무엇인가를 채우고 싶은 시점에 가장 손쉽게 접할 수 있는 대상에 빠져드는 것이다.

결핍의 신념에는 결코 만족이란 것이 없다. 무언가 부족하고 결핍되어 있기 때문에 그것을 채우기 위해 미친 듯이 무엇인가에 빠져들지만, 결국 그것은 만족될 것 같은 환상일 뿐 실체인 결핍은 여전히 결핍으로 남아있다.

똑같은 게임을 하더라도 단순히 재미를 위해서 하는 아이는 스스로 자제력을 어느 정도 유지하고 일시적으로 빠져들었다 하더라도 어느 정도 시간이 흐르거나 상황이 바뀌면 자연스럽게 빠져나오게 된다.

하지만 결핍이라는 신념에서 비롯된 게임이라면, 채워질 듯 말 듯한 간질간질한 그 느낌이 해결될 때까지 끝도 없이 빠져들게 되고, 결국은 해결되지 못하는 결핍 속에서 긴 시간 갇혀 방황하게 된다. 만족하기 위해 들어갔지만 그 실체는 결핍 속에 들어간 것이니 답이 없는 것이다.

여기서 말하는 결핍이란 애정 결핍이 될 수도 있고, 어릴 때 마음껏 놀지 못한 욕구 불만에서 나온 것일 수도 있고, 결벽증이 있는 부모 옆에서 무언가를 제지당하면서 생긴 감정적인 결핍이나 인정받지 못한 열등감의 결핍 등이 될 수도 있다.

아직 아이가 어리다면 무엇인가에 집중해 있을 때나 놀이를 할 때 아이가 스스로 만족스러워할 때까지 기다려주는 것이 좋다.

'감정 알아주기'에서처럼 감정을 알아주고 표현해주면서 감정 자체가 풀어져 나오도록 해주는 것이 좋으며 즐거운 경험의 자원을 많이 형성시켜주는 것이 중요하다.

만족이 무엇인지를 아는 아이, 감정 표현이 자유로운 아이는 결핍의 자원을 결코 만들지 않는다.

그리고 다양한 경험과 체험을 한 아이 또한 세상을 넓게 보기 때문에 '이것'이라는 한정된 공간에 스스로를 가두지 않는다.

만약 이미 게임중독에 빠져있는 아이라면 지금이라도 다양한 체험을 권유해보는 것이 좋다. 게임이 전부라고 생각하는 아이에게 더 넓은 세상이 있다는 것을 적극적으로 보여주고 체험하게 해주는 것이다.

아이의 동의를 얻어낼 수만 있다면, 봉사활동 같은 체험을 시켜보거나 여행을 보내보거나 단기 캠프 같은 새로운 경험들에 참가시켜보는 것도 좋은 방법이 될 수 있다.

이러한 체험을 통해 아이는 점점 새로운 자극을 받게 되고, 그 신선한 자극들은 아직 굳어지지 않은 유연한 아이의 내면을 빠르게 변화시킬 수 있다.

'나를 필요로 하는 곳이 있구나. 이렇게 살아가고 있는 사람들도 있구나. 해보니 이것도 재미있네. 그게 다가 아니었네'라는 새로운 생각들과 감정들이 역으로 기존에 있던 신념들을 흔들게 하는 것이다.


도저히 말이 통하지 않을 정도로 게임중독이 심한 경우라면, 일단 '감정 알아주기'를 꾸준히 해주면서 부모와 먼저 신뢰를 형성하는 것이 좋다. 그런 다음에 부모의 의견을 제시해보는 것이다.

이것 또한 통하지 않을 정도로 심각하다면, 마지막 '나의 자원을 정화하라' 편에서 나오는 미용고사를 꾸준히 하면서 장기전으로 돌입하라.

장기전이라 하니 힘 빠지는가? 아니다. 아이가 앞으로 살아갈 날이 얼마나 긴지를 생각해보라! 사춘기 때 부정적인 신념이나 자원을 풀어놓지 않으면 정말 그 아이는 영영 길을 잃게 될지도 모른다.

사춘기가 지나고 성인이 되면 굳어버린 신념을 풀어내는 것이 훨씬 더 어려워지기 때문이다. 어릴 적 방치한 신념들이 생각과 감정의 형태로 끊임없이 인생에 영향을 주고 있다는 것은 앞서도 충분히 설명한 바가 있다.

아이의 현실적 반응 여부를 떠나서 꾸준히 감정을 알아주고 아이를 향해 정화의 말(미용고사)들을 꾸준히 해주게 되면 내면에서 서서히 변화가 일어나게 되고, 아이의 인생은 사춘기의 방황과는 전혀 상관없이 안정적으로 흘러가게 된다.

보이는 것에 너무 연연할 필요는 없다. 보이지 않는 것을 존중할 줄 아는 현명함이 있어야 제대로 큰 인생을 그려나갈 수 있다.

# 생각 속에서 벗어나면 아이의 진짜 모습이 보인다

필자는 정화와 소통에 대한 강의를 할 때 자기 자신을 늘 관찰하라고 한다. 왜냐하면 자신 안에 자신의 모든 인생이 다 들어있기 때문이다.

우리는 외부의 인생을 보며 자신을 판단하고 정의하지만, 사실 눈에 보이는 모든 인생이란 요소들은 실은 우리 안에서 다 나오는 것이다.

자신의 습관적인 생각, 컨트롤 되지 않는 감정, 말투와 언어들을 보면 내 인생을 알 수 있다.

화에 관련된 생각과 감정 속에 사는 사람은 일상에서 또한 거친 말투와 언어들을 주로 사용 할 것이며, 또한 인생 속에서도 화를 낼만한 상황, 나의 심기를 건드릴만한 상황과 사건이 끊임없이 창조되어질 것이다.

그렇기 때문에 필자는 자신을 알아가는 것이 인생을 바꾸는 데 있어 가장 중요하다고 생각한다. 그런 맥락에서 자신을 늘 한발 물러서서 관찰해보라는 것이다.

늘 나를 찍고 있는 CCTV가 있다고 가정해보자. 그리고 이것을 다시 우리가 보게 된다면, 우리는 엄청나게 낯설고 새로운 나 자신을 발견하게 될 것이다.

'내가 늘 저런 표정을 하고 있었나? 내가 사람들한테 저렇게 불친절하게 말했나? 나한테 저런 행동습관이 있었나?'

객관적으로 우리 자신을 관찰하지 않으면, 우리는 우리 자신인데도 모르고 사는 것이 너무나 많다.

자신이 하루 종일 얼마나 많은 생각들을 하고 있고, 또한 어떤 종류의 생각들을 하고 있는지 알고 있는 독자가 있는가?

자신이 하루 중 부정적인 말과 긍정적인 말을 어느 정도로 하고 있는지 파악하고 있는 독자가 있는가?

이렇게 나의 생각, 나의 감정, 나의 말임에도 우리는 아무엇도 모르고 사는 것과 같다.

내 몸이 왜 이런 것인지, 내 인생이 왜 이런 것인지, 나임에도 나를 잘 모르고 살아왔는데, 나를 제대로 보지 못하고 살아왔는데 과연 나는 내 아이를 얼마나 잘 알고 있을까?

생각 속에서 보는 아이는 아이의 진짜 모습이 아니다.

감정과 기억 속에서 보는 아이는 진짜 내 아이의 모습이 아니다.

그것은 내 세상 안에서 내가 정의하고 내가 만든 가짜 아이의 모습이다.

'이것을 하면 좋아하겠지, 저렇게 해주면 고마워하겠지.'

이 모든 것이 어쩌면 내 생각 속에서 만들어낸 아이의 성향일 수도 있다는 것이다.

나를 객관적으로 보는 눈이 생기게 되면 아이의 진짜 모습도 객관적으로 보게 된다.

생각과 기억과 감정이 개입되지 않은 진짜 아이의 모습

을 보게 되면, 문득 매일 보는 그 얼굴이 새롭게 보일 수도 있을 것이다.

그렇게 아이를 고요하게 관찰해보자. 24시간 동안 관찰하라는 말은 아니다.

아이가 혼자 무언가를 하고 있을 때, 나에게 와서 눈을 마주치며 뭔가 얘기를 하고 있을 때, 그 어느 때든 '고요하게 바라보겠다'라는 선언을 마음으로 하고 보는 것이다.

아이의 감정이 고스란히 들어있는 표정부터 행동 하나하나를 고요히 관찰해보라.

모든 생각과 감정을 멈추고 모든 에너지를 온전히 그 아이에게 집중하고 고요히 관찰해보라.

그럴 때 정말 아이가 원하는 것이 무엇인지, 무엇을 했을 때 진정으로 만족하고 행복한지 알게 될 것이다.

생각과 감정이 사라진 눈으로 아이를 보게 될 때, 우리는 아이의 축 처진 어깨를, 반짝이는 눈빛을, 아이가 무심코 그려놓은 그림의 의미를 인식하기 시작할 것이다.

　우리 아이가 나에게 원하는 것이라는 게 알고 보면 그리 거창한 것이 아닐지도 모른다.

　우리가 생각하는 현실적 뒷바라지나 아이가 사달라고 떼쓰던 그 장난감이 아닐지도 모른다.

　어쩌면 좋아하는 노래를 같이 불러주거나 함께 좋아하는 운동을 해주는 것일지도 모른다.

　부모가 자신을 알아봐 주고 가장 행복할 수 있게 도와주고 있다는 그 만족감은 아이들에게 엄청난 정서적 안정감을 형성시켜준다.

　그리고 그 안정감은 최고의 영양제가 되어, 이 세상을 살아가는 데 있어 스트레스로부터 자신을 보호하고 정서적 면역력을 높일 수 있게 해준다.

'나는 아이에 대해서 모든 걸 다 알아!'라고 자부하지만 실은 아이에 대해서 알지 못한다.

아이는 엄마가 자신에 대해서 모든 걸 알아봐 주기를 바라지만 실은 전혀 그렇지 않다.

그래서 아이와 나 사이에 세월과 함께 단절의 벽이 생기는 것이다.

우선 '내 자식이니 내가 다 알고 있어!'라는 생각부터 내려놓기를 바란다.

앞서 설명했듯이 자신의 인생인데도 어떻게 흘러가는지 몰라 휘청거리며 살고 있는 게 우리 아닌가.

또한 그렇게 다 알고 있는 자식이라면 왜 지금 이 책을 읽고 있는가. 본인이 자녀에 대한 전문가인데 말이다.

'내 자식이지만 나는 그 아이를 어쩌면 제대로 보지 못했을 수도 있어'로 출발하자.

그리고 진지하게 아이를 관찰해나가면서 조금씩 그 아이를 정말로 알아가는 것이다.

서로를 알게 되면 갈등은 사라지게 된다. 모든 갈등은 단절과 '안다!'라는 착각에서 비롯된다.

전혀 모르는 아이가 우리 집에 와 있다는 마음으로 새 출발 하기를 바란다.

지금까지 생각 속에서 내 마음대로 정의했던 '그 아이를 위한 무엇, 무엇'을 내려놓고 새로운 아이를 대하듯 고요히 관찰하며 아이를 진정으로 살펴보기를 바란다.


어느 날 부엌에서 바쁘게 식사준비를 하고 있는데 딸아이가 옆에 붙어서는 자기 성격이 어떤 것 같으냐며 묻는 것이다.

나는 일하는 데 집중하며 건성으로 "좋지~"하고 대답했다.

그러자 딸은 더 집요하게 "어떤 면이 좋은데? 나한텐 어떤 장점이 있는 것 같아?"라고 묻는 것이다.

나는 또다시 바쁜 일에 집중하며 건성으로 "그런 걸 왜 엄마한테 물어? 네가 더 잘 알겠지!"라고 대답해버렸다.

그러자 딸이 사뭇 진지한 어투로 등 뒤에서 이런 말을 하는 것이다.

"엄마는 살면서 엄마의 뒤통수를 정면에서 본 적 있어? 없지? 아마 평생 못 볼 거야. 그만큼 자신의 모습을 다 알기는 힘들어. 그래서 나도 내 모습을 정확히 못 봐. 그러니까 엄마가 나를 봐줘. 내가 못 보는 부분까지 꼼꼼하게 말이야. 내가 어떤 사람인지."

그 말에 정신이 번쩍 들었다.

딸은 자신을 좀 더 진지하게 봐달라고 나에게 말하고 있었다. 그 순간 딸은 나를 통해 자신을 보려고 노력하고 있었던 것이다.

이렇게 우리는 중요하다는 일상을 핑계로 얼마나 내 아이를 제대로 보지 못하고 살아왔는가.

# 아이를 위한 상담사가 되라

필자는 호오포노포노로서 정화와 소통을 해온 사람이기도 하지만 최면이라는 도구를 사용하는 최면전문가이기도 하다.

필자에게 최면은 정화와 소통을 하던 중에 얻게 된 아주 소중한 정화의 도구이자 인생의 큰 선물이었다.

마지막 장에 소개될 '미용고사'라는 정화법이 기본적이고 근본적인 도구라면, 최면은 단기적인 정화에 적합한 도구이다.

이것을 사람의 몸에 비유해보자면 미용고사는 일상생활 속에서 좋은 음식섭취와 관리로써 근본적인 체력과 체질을 개선해나가는 것이고, 최면은 당장 필요한 부위를 수술로 직접 처리하는 것과 같다.

이 중에 더 중요한 것을 고르라고 한다면 단연 미용고

사 정화법이 될 것이다. 왜냐하면 평소 몸의 관리가 잘 이루어져서 건강한 체질이라면 치유라는 과정 자체가 필요 없을 것이고, 아무리 좋은 치유를 하더라도 근본적인 체질이 개선되어 있지 않으면 아무 소용이 없기 때문이다.

최면이라는 것은 어디까지나 필자가 선택한 부가적인 정화와 소통의 도구일 뿐이다. 이 세상에는 수많은 정화의 도구들이 존재한다.

이 장에서 필자가 말하고 싶은 것은 부모로서 아이를 위해 사용할 수 있는 정화의 도구, 상담의 도구를 하나쯤은 갖추고 있는 것이 좋다는 것이다.

앞서 보아왔듯이 넘쳐나는 정보 속에서 불안감과 혼란을 필수로 맞이하게 될 우리 아이들이 전문적인 상담센터를 찾기에 앞서, 가정 내에서 부모와의 대화나 상담으로 풀어낼 수 있다면 그보다 더 좋을 수는 없다.

물론 아이의 상태가 이미 심각한 상태이거나 부모와의 갈등이 심해 신뢰가 깨어져 있는 경우라면 전문적인 상담을 받아보는 것이 좋다. 하지만 일상 속에서 일어날 수 있는 사소한 문제들이나 아이가 아직 어려서 부모의 말에 큰 영향 받고 있는 상태라면 전문센터를 통하는 것보다 부모가 직접 풀어주고 해결해주는 것이 더 효과적일 수 있다.

필자의 경우는 최면이라는 도구로 아이를 종종 상담해 준다.

최면이라고 하니 아이의 의식을 무력하게 만들어서 엄마의 뜻대로 조종하는 것이 아닌가 하는 독자도 있을지 모르겠다.

하지만 그것은 어디까지나 최면에 대한 오해의 하나일 뿐, 실제로는 아이의 자발성과 부모에 대한 신뢰가 갖추어져 있지 않다면 아무 소용이 없어진다. 다시 말해 얼마든지 아이의 마음에 따라 암시반응성이 달라질 수 있다는 것이다.

딸의 경우 표면적으로 잘 드러나지 않았던 내부의 부정적인 기억들을 최면 세션을 통해 정화해주니 한결 긍정적인 성격으로 변화되었다.

그리고 재미있고 신기했던 일은, 딸의 시험 기간에 최

면상태에서 좋은 결과를 받는 시각화 작업을 딱 4번 해준 적이 있었는데, 그 4번의 경우에 모두 전 과목 100점을 맞아 전교 1등을 했다는 사실이다. 물론 이것 또한 공부를 잘하고 싶다는 딸의 자발성에서 시작된 작업이었다.

단언컨대 필자는 공부나 성적을 강요하는 부모스타일은 아니다. "행복은 성적순이 아니잖아요"라는 말에 백번 공감하고 있는 한사람이지만, 공부를 열심히 하고도 종종 실수하고 자책하는 딸아이를 돕기 위해 최면작업을 해주었던 것이다. 그리고 또한 시험을 보기 전에 늘 일러주는 말이 있다.

"우리 의식은 무엇이든 잘 까먹고 실수할 수 있지만 네 내면 깊은 곳에 있는 잠재의식은 절대 실수도 하지 않고 모든 것을 다 알고 있는 만능박사야. 그러니 늘 시험을 보기 전에 잠재의식을 향해 부탁한다고 말해봐. 그러면 잠재의식이 그 능력을 너에게 전해줄 거야."

"그럼 내 잠재의식이 귀찮아하지 않을까? 시험까지 도와달라고 하면 말이야."

"아니 잠재의식이 곧 너인걸. 그리고 잠재의식은 우리 의식이 늘 불러주고 도와달라고 부탁하고 사랑한다고 고맙다고 말해주는 걸 아주 좋아해."

"그래? 아~ 그럼 내가 불러주고 부탁하고 할 때마다 내 잠재의식은 점점 커지는 거구나!"

이렇게 딸은 자신 내면의 잠재능력에 대해서 이해를 하게 되었고, 최면상담의 결과를 직접 체험해보면서 자신의 내면의 변화가 실질적인 인생을 변화시킬 수 있다는 것에 대한 확신을 갖게 되었을 것이다.

필자가 쓰고 있는 도구들이 한정적이다 보니 본의 아니게 최면을 강조하게 된 것 같다.

앞서도 설명했듯이 반드시 최면이 아니더라도 조금만 알아보면 아이들의 마음을 직접적으로 치유하고 상담해줄 수 있는 테크닉들이 아주 많다는 것을 알게 될 것이다.

부모가 그것을 먼저 자신의 것으로 만들어 자신의 문제를 스스로 치유해나가고, 그 도구를 아이에게 적재적소에 사용할 수 있게 되면 아이와 부모와의 신뢰는 더욱더 굳건해진다.

무엇이든 따뜻하게 상담해주고 치유해줄 수 있는 존재

가 바로 나의 부모라는 것은 아이에게 가정이라는 의미에 소중한 가치를 부여하게 만든다.

세상에 그것만큼 든든한 빽이 어디 있겠는가?

학력이 없어도, 돈이 없어도, 이런 부모야말로 최고의 금수저가 아니겠는가?

일상생활 속에서 늘 할 수 있는 정화법인 미용고사를 기본으로, 나와 아이 그리고 가족을 치유할 수 있는 나만의 멋진 도구를 찾아보라. 얼마든지 여러분에게 맞는 테크닉들이 많이 존재하고 있으니 말이다.

# 좋은 자원을 가진 부모는 노력하지 않아도 된다

이 책의 서두에 소개되었던 에너지 탯줄을 기억하는 가?

우리가 신경을 쓰든 안 쓰든, 인식을 하든 하지 않든 간에 우리는 아이와 연결되어있는 에너지 탯줄을 통해 끊임없이 자원들을 공급하고 있고, 이 자원들은 아이들의 내면에서 하나의 신념들로 굳어지며 이것을 바탕으로 아이의 정체성과 인생이 형성되어 간다.

대표적인 큰 공급원은 아이에게 직접적으로 하는 반복적인 말이나 말투, 행동들이다. 그리고 두 번째로 크게 공급되는 것은 부모의 정서적인 감정, 부모가 가지고 있는 신념이나 강한 생각이다.

말이나 행동은 현실적으로 확인할 수 있는 부분이기 때문에 알아차리기도 쉽고, 어떻게 해야 하는지 앞장에서 이미 충분히 설명했다.

문제는 눈에 드러나지 않는 부모 자신의 개인적인 정서적 부분을 비롯하여 생각, 신념, 대인관계 등까지도 알게 모르게 아이에게 고스란히 전달된다는 것이다.

자신의 마음은 죽을 것처럼 괴롭고 힘든데 아이에게 그것을 들키지 않고 좋은 것만 보이고 긍정적인 척하는 것에는 한계가 있을 수밖에 없다는 말이다. 최대한 내 마음, 생각, 관념들을 꼭꼭 숨기고 웃으며 밝게 연기해보지만, 내 내면의 그 무엇들이 줄줄 새어 나와 그 표면적인 웃음에 묻혀서 아이에게 공급된다.

물론 아이에게 하는 직접적인 말이나 행동들만 변해도
엄청난 효과가 있다. 어찌 되었든 가장 큰 공급원은 눈에
보이는 말과 행동들이니 말이다.

내 상태가 어떻든 아이에게 좋은 것만 보여주고 좋은
말만 해주고 부드럽게 행동해주면 아이는 그것을 고스란
히 전달받는다.

하지만 부모도 인간이 아닌가.

스트레스로, 우울증으로 나날이 지쳐가고 걱정으로 하
루가 벅찬데 어떻게 아이에게 마냥 밝을 수가 있겠는가.

이 바쁜 세상에 큰 숙제 하나를 더 짊어지게 된 것처럼
몸과 마음은 더욱더 무거울 수밖에 없을 것이다. 그러다
어느 순간엔 마음의 병으로 몸의 병으로 터져 나오게 될
지도 모를 일이다.

'부모 자리'라는 것이 이렇게 가혹해서야 되겠는가.

아이를 낳은 것이 무슨 큰 죄라고, 아이가 잘못된 것에

대한 책임은 다 부모에게 돌리고 더… 더… 잘해야 한다며 엄청난 숙제를 안겨주니 말이다.

예전 우리 부모들은 먹이고 입히기만 하고도 우리를 이렇게 수월하게 키워왔건만 이 시대는 왜 이리도 부모를 괴롭히는 것인가.

우리 아이들은 왜 이리도 까다롭게 군단 말인가.

정보 시대의 특성상 모르고 싶은 것도 알게 되니 아이에게 좋다는데 무시하고 사는 것도 찜찜하기만 하고, 이곳저곳의 전문가들이 '아이가 이런 것은 요런 저런 이유로 콕 집어 당신 때문입니다!'라고 말하니 인정하지 않을 수도 없는 노릇이다.


필자의 표현이 너무 거칠고 극적이었다면 그 사과의 의미로 단순한 해결책 하나를 제시하겠다.

그건 바로 부모의 자원이 긍정적이면 된다는 것이다!

이렇게 해야 하고 저렇게 해야 하고, 이렇게 저렇게 조심해야 하고… 사실 골치가 아플 것이다. 왜 그렇게 명심해야 할 것들이 많은지 말이다.

부모의 자원 자체가 밝고 긍정적이라면, 부모의 내면이 밝고 유연하다면, 그 부모는 어떠한 노력도 하지 않아도 된다.

그냥 가만히 내버려두기만 해도 양질의 자원들이 공급되니 신경 쓸 것이 하나도 없는 것이다.

사실 필자는 자식 문제로 상담을 해 오시는 분들께 모진 말을 하기도 한다.

"당신 자신이나 잘 돌봐주세요. 자신은 이 지경으로 만들어놓고 자식을 어떻게 챙긴다는 겁니까? 자신을 사랑하고 아낄 줄도 모르는데, 어떻게 자식을 사랑하고 제대로 돌볼 수가 있겠습니까?"

자신의 모습은 보지도 못한 채 망가지고 있는 아이의 모습만 보고서는 헐레벌떡 뛰어오는 것이다. 자신의 모습이 엉망으로 망가져 있어서, 그것을 보고 있는 아이가 그대로 하고 있다는 것은 알지 못하고 아이의 모습만 바로 잡으려고 애쓰는 것이다.

옛말에 '윗물이 맑으면 아랫물도 맑다'고 한다.

참으로 진리를 담고 있는 말이다.

아이가 스스로 정신적인 독립을 선언하기 전까지는 어쩔 수 없이 우리는 윗물이 되어야 하고 아이는 그 아랫물이 될 수밖에 없다.

윗물이 탁하게 오염되어있는데 그걸 틀어막고 억지로 다른 물을 공수해 와서 흘려보내려 한다고 생각해보라. 얼마나 힘든 노동이 되겠는가. 수십 년을 말이다. 차라리 그렇게 막고 있을 에너지와 시간을 윗물을 맑게 하는 데 쓰는 것이 훨씬 빠르고 효율적이다.

현명한 부모를 보고 있는 아이는 현명할 수밖에 없다.

자신을 진심으로 아끼고 사랑할 줄 아는 부모를 보고 있는 아이는 자신 또한 진심으로 아끼고 사랑할 줄 안다.

　긍정적인 부모를 보고 있는 아이는 밝은 세상을 보게 된다.

　자식을 위해 희생만 하는 부모를 보는 아이는 자신도 희생자로 만든다.

　불안과 걱정 속에 사는 부모를 보는 아이는 어두운 세상을 보게 된다.

　어쩌면 더 막막하다고 말하는 독자가 있을지도 모르겠다.

　차라리 말이나 행동만 신경 쓰라고 하는 것이 낫지 나 자신을 통째로 어떻게 바꾸라는 말인가.

　하지만 급하게 서두를 필요 없다. 알아차리고 선언하는 것만으로도 반 이상은 한 것이다. 아이와 나를 새로운 관점으로 보는 것만으로도 반 이상은 한 것이다.

　필자는 결코 아이가 내 인생의 전부라고 생각하지 않는다.

필자가 철이 없는 것인지 이기적인 것인지는 모르나, 나 자신의 인생도 즐기면서 살고 싶다. 아이의 인생 이상으로 나의 인생도 소중하다.

필자는 분명히 말할 수 있다.

아이의 인생만을 위해서 이 책을 쓰고 있는 것이 아니다.

나의 인생을 위해서 부모의 인생을 위해서 이 책을 쓰고 있는 것이다.

아이를 위해 나를 바꾸는 것이 아니라, 내 안의 세상에 들어와 있는 아이를 현명하게 돌봄으로써 나 또한 자유롭고 편해지기 위한 것이다.

그리고 필자는 간절히 바란다.

모든 부모가 행복해지기를 말이다.

그런 면에서 행복한 자식을 보는 것은 아주 중요하다.


그리고 자식에게 공급될 자원이라서가 아니라 사실은 살아갈 날이 많이 남은 나의 인생을 위해서 나의 자원을 정화하는 것이 현명한 선택이다. 또한 이렇게 나를 위한 선택은 자연스럽게 자식을 위한 선택으로 이어지게 된다.

다음 장에서 부모 스스로의 자원을 정화할 수 있는 방법을 제시할 것이다. 그러니 편안한 마음으로 따라오기 바란다.

# 나의 자원을 정화하라

필자는 10여 년 전 『호오포노포노의 비밀』이라는 책을 읽게 되었고 휴렌 박사님의 세미나에 참석하면서 정화와 소통을 위한 삶을 살게 되었다.

그 10여 년 동안 나의 인생은 엄청난 변화를 겪게 되었다. 내 인생은 정화를 하기 전의 삶과 하기 시작한 후의 삶으로 정확하게 나누어진 듯하다. 마치 1부와 2부의 삶으로 말이다.

　나의 1부의 삶은 자녀교육에 특별한 관심이 없었던, 그냥 잘 보살피기만 하면 된다고 믿는 그 여느 부모와 다를 바 없는 평범한 부모에게 물려받은 수많은 자원들과, 그것을 바탕으로 일어난 수많은 경험들을 기억하고 쌓아오면서 일정한 패턴 속에서 수동적으로 살아왔다.
　'나는 이런 성격을 타고났구나. 내 몸은 이렇게 타고났구나. 내 인생은 눈에 보이는 이것이 다구나.'
　이렇게 순응적이고 수동적으로 말이다.

　나의 2부의 삶은 완전히 다른 것이었다.
　정화를 시작하고 내면을 바라보기 시작하면서 바라본 인생은 1부의 삶에서 믿어왔던 사실들을 모조리 거짓으로 만들어버렸다.
　내 인생은 마치 신이 만들어가는 줄로만 알았다. 누군가 만들어놓으면, 나는 그냥 그것을 경험하기만 하면 되는 것이고 주면 주는 대로 받고, 빼앗아 가면 어쩔 수 없이 뺏기는 것이다.

내 몸인데 아픈 원인조차 모르는 것이 당연한 것이었고, 내 마음인데 내 감정인데 내 마음대로 조절 안 되는 것이 당연한 것이었던 1부의 삶은 완전히 뒤바뀌게 되었다.

2부의 삶에서는 내 안의 그 모든 자원이 지금의 '나'라는 성향, 정체성을 만들어놓았고, 단순한 내면의 정서적 부분뿐만 아니라, 나아가 내 인생에서 일어나는 모든 경험 자체를 만들어내고 있다는 것을 알게 되었다.

성향이나 성격이 내부의 자원, 다시 말해 신념이나 정보로 인해 영향을 받는다는 것은 이해하기 쉽겠지만, 현실적인 경험이나 사건들까지 창조해낸다는 것에 대해서는 공감이 잘 안 되는 독자들도 많을듯하다.

우리 안에서 일어나는 사건들과 경험들은 어떤 절대적인 존재가 만드는 것이 아니다. 누군가는 그 절대자한테 잘 보이거나 신임을 받아서 좋은 일만 일어나고, 다른 누군가는 밉보여서 나쁜 일만 일어나는 것이 아니라는 말이다.

우리 안의 신념은 생각보다 무서운 존재이다.

앞서 여러 번 강조해왔듯이 우리는 우리의 신념만큼의 세상 안에서 살아간다.

'박사'라는 신념이 뿌리 깊이 내면에 존재한다면, 그 사람은 정말 '박사'라는 현실적인 경험을 하게 된다.

'나는 사랑받지 못해!'라는 신념이 강한 사람은 실제 현실에서도 실연을 당하는 경험을 하게 된다.

세상은 무서울 정도로 정확하게 나를 비추는 거울인 것이다.

딱 내 안에 있는 만큼을 비춰주는 정직한 거울 말이다.

다시 말해, 결국은 하늘에서 우주에서 저절로 만들어져서 세상에 나타난 것만 같은 현실적 사건들이 결국은 내가 내 자원을 이용해서 창조해내고 있었다는 것이다.


양자이론에는 '관찰자'라는 개념이 존재한다.

원자이든 전자이든 모든 입자가 관찰자의 의도에 따라 달라진다는 것이다. 그저 바라보기만 했을 뿐인데도 그 관찰자의 의도가 일정했던 입자의 움직임을 변화시킨다는 것이다.

　이렇게 보면 우리가 어떤 의도로 인생을 바라보는지에 따라 인생을 구성하고 있을 수많은 입자들이 변할 수 있다는 것이다.

　그리고 그 의도는 우리 안에 형성되어있는 자원들을 바탕으로 나타난다.

　나는 좋은 의도를 가지고 있는 관찰자가 되고 싶지만, 내 안에 부정적인 자원이 가득 차 있다면, 나도 모르게 부정적인 의도를 신고 있는 관찰자가 될 수밖에 없다.

　그리고 이것은 자녀에게도 적용된다. 어린아이는 부모라는 관찰자에 의해서 얼마든지 변화될 수 있다. 우리는 알게 모르게 우리 안에 있는 자원을 바탕으로 형성된 특정한 의도로써 아이를 바라보고 있는 것이다.

어찌 되었든 이쯤 되면 다들 한 가지 결론을 내게 될 것이다.

나와 아이를 위해서 내면의 자원이라는 것을 정화하고 바꾸어야겠다는 것 말이다.

자원을 바로잡을 수 있는 방법들이 여러 가지 존재하겠지만, 그중에서도 필자가 10여 년간 해오면서 가장 많은 효과를 체험한 호오포노포노의 대표적인 정화법인 '미용고사'를 소개하겠다.

미용고사는 '미안합니다. 용서하세요(합니다). 고맙습니다. 사랑합니다'를 줄인 말이다.

언어에 따라 물의 결정모양이 변하고, 식물의 성장 속도가 차이 나고, 심지어는 밥의 부패속도가 달라지는 등 이런 종류의 실험은 무수히 많이 있다. 조금만 관심을 가지고 언어의 힘에 대해서 알아보려고 한다면, 이에 관련된 신기한 실험들을 수없이 찾아볼 수 있을 것이므로 이 책에서는 그것에 대해 상세히 설명하지 않겠다.

또한 호오포노포노와 미용고사, 정화와 소통에 대해서 더 궁금한 독자가 있다면, 필자의 첫 번째 저서인 『내 인생의 호오포노포노 : 천사들이 들려주는 이야기』를 참고하기를 바란다.

'미용고사'는 실천하기 쉬운 것에 비해 큰 효과를 가지고 있으며 많은 장점들을 가지고 있는 정화법이다.

단지 대단하지 않다는 이유로, 또는 막상 해보니 귀찮고 잘 안 된다는 이유로 쉽게 포기하고 미용고사의 효과 자체를 부정해버리는 이들을 종종 보아왔다. 하지만 만약 그런 이가 있다면 필자는 진지하게 묻고 싶다. 정말 미용고사를 제대로 해보고, 제대로 알고 그런 말을 하는 것인지 말이다.

인간이라면 누구나 사용하고 있는 것이 '말'이란 것이다. 생각도 곧 '말'이다.

우리 내면의 자원은 생각과 감정을 만들어내고 이러한 생각과 감정은 고스란히 인생에 나타난다.

예를 들어 '분노'라는 강한 자원이 내면에 있다면, 이

'분노'는 화를 만들어낼 만한 생각을 끊임없이 만들어내고, 다시 이 생각은 '역시 화나는 일이었네!!'라는 결론을 만들어 그에 합당한 감정을 이끌어낸다.

그리고 그러한 생각과 감정은 곧 모든 현실을 화로 뒤덮어 버린다. 눈에 보이는 사람들이 다 짜증나고 세상은 건드리기만 하면 터질 것처럼 위태로운 곳이 된다. 누구하나 잘못 걸리면 현실에서 사건이 일어나게 된다.

이제 거꾸로 가보자.

"감사합니다. 사랑합니다. 미안합니다"라는 말을 내 입에 찰떡같이 붙였다고 가정하자.

이 언어들은 감정으로 이어진다. '계속 보니 진짜 사랑스럽네. 그러고 보니 참 감사할 게 많구나. 진심으로 미안하기도 하네.'

이러한 감정은 생각을 부드럽게 만들고, 변화된 감정과 생각은 곧 그것에 연결된 자원을 변화시키게 되고, 변화된 자원은 다시 실제적인 인생, 즉 물리적인 삶에 그 모습을 드러내게 된다.

미용고사가 가지는 장점은 이것만이 아니다.

대부분의 수행이나 테크닉은 아무리 긴 시간을 한다 하더라도 하루 중 일부의 시간에 국한되어있다. 하지만 우리가 쓰는 말, 생각으로 하는 말은 잠자는 시간을 제외하면 계속해서 할 수 있다.

하루 종일 할 수 있는 수행 또는 수련이라는 말이다. 밥을 먹을 때도, 버스를 타고 가거나 운전을 할 때도, 씻거나 차를 마시거나 누군가와 대화를 할 때도, 그리고 볼일을 보거나 엘리베이터를 기다릴 때도, 잠드는 순간에도, 눈 뜬 순간에도 마음으로 감사와 사랑과 미안함을 읊조릴 수 있다는 것이다.


그리고 또 한 가지 장점은 이것이 습관화되어 나의 입에 그리고 나의 내면에 입력되게 되면 더 이상 그것은 힘든 수행이나 수련이 아니다. 그냥 일상의 일부가 되어버리는 것이다. 그냥 일상생활일 뿐인데 저절로 내 인생을 바꾸는 내면의 자원을 정화하게 된다는 것이다.

시간을 일부러 내지 않아도 되고, 돈이 들지도 않고, 어딘가에 수고스럽게 가야 하는 것도 아니고, 땀내어 몸으로 하지 않아도 된다.

다시 한 번 강조하자면 이렇게 미용고사는 내 언어이기 때문에, 내 감정 내 생각에 바로 적용되기 때문에, 그리고 내 자원에 바로 연결되기 때문에 내 인생에 바로 적용된다.

나의 말(생각)의 변화가 내면으로 이어지듯이, 내면이 바뀌게 되었을 때의 그 변화는 바로 나의 말(생각)로 다시 확인할 수 있다. 이렇게 말(생각)과 내면은 가장 가깝게 서로 연결되어 있다.

해도 안 된다는 말은 그만큼 하지 않았다는 것이다.

밥, 물, 식물, 동물을 변화시킨 언어가 인생을 변화시키지 않는다는 말은 우리 인간만 별개로 완전히 색다른 입자로 이루어졌다는 말밖에는 되지 않는다. 아무리 과학에 무지한 나도 결국 쪼개고 쪼개보면, 물질이나 인간이나 우주나 같은 입자로 이루어져 있다는 것쯤은 익히 들어 알고 있다.

해도 안 된다는 말은 하기 싫거나 변화하는데 조바심을 내고 있기 때문이다. 인생을 변화시키는데 10만큼의 미용 고사가 필요하다면 5, 6, 7만큼 실컷 잘해놓고서 이 수치가 눈에 보이지 않는다는 이유로 안타깝게 포기해버리기 때문이다.

나는 10여 년 동안 많은 부분에서 미용고사의 효과를 직접 체험해왔고, 두 권의 책을 집필하고 출판하는 과정에서 다시 한 번 미용고사의 위력을 수차례 확인할 수 있었다.

전문적 지식도 없고 배경도 없는 내가 출판사들의 냉대 속에서 어떻게 해야 할지 모르고 방황하고 있을 때, 필자는 실망하고 좌절하는 대신 열심히 미용고사를 했다.

'난 할 수 없을 거야. 세상은 내 편이 아니야'라는 어떤 자원이 미용고사로 변화되고 그 후로 나는 엄청난 추진력을 얻게 되었다. 그리고 놀라울 정도로 적재적소의 타이밍에 완벽한 아이디어가 떠오르고 전혀 예상치 못했던 곳에서 결정적인 도움의 메시지가 전해졌다.

모든 것이 나를 위해서 내 책을 위해서 돌아가고 있는

듯 저절로 세상이 움직여 주는 듯했다.

난 그저 흔들릴 때마다 올라오는 부정을 미용고사로 대체했을 뿐이었는데, 미용고사는 늘 그렇듯 나를 안정시키고 인생에 투영될 내 자원을 밥처럼, 물처럼, 식물처럼 변화시켰다.


얼마 전 딸아이가 나에게 이런 말을 했다.

"엄마! 난 급한 일이 생기면 이젠 저절로 입에서 미용고사가 나와. 그럼 신기하게 그게 해결이 돼."

그리고 우리는 미용고사의 효과에 대해서 함께 이야기하던 중 놀라운 사실을 발견했다.

딸아이가 미용고사를 시작한 지는 사실 몇 년 되지 않는다. 그런데 그 몇 년을 돌아보니 현실적으로 큰 변화들이 많이 일어났다는 사실을 그날 우리는 새삼스럽게 깨달았다.

딸아이가 그토록 원하던 아파트로 이사를 하게 되었고, 본인만의 예쁜 방이 생겼고, 원하던 해외캠프에 다녀올 수 있는 좋은 기회도 생기게 되었으며, 자신이 원했던 학교로 전학을 할 수 있는 기회까지도 우연처럼 만들어진 것이다.

그냥 이 단어들을 나의 일부로 만들어보라. 아름다운 언어들이지 않은가.

감사할 줄 알고, 사랑할 줄 알고, 용감하게 미안할 줄 알고, 용서할 줄 아는 사람이 매력적이라는 사실은 누구나 부정할 수 없을 것이다.

그냥 "미안합니다, 용서합니다, 고맙습니다, 사랑합니다"라는 말을 내 것으로 만들어라.

서서히… 하지만 반드시! 그 모든 것이 변화되게 되어 있다. 그리고 그 변화 안에는 나의 자녀도 당연히 포함되어 있다.

내 자원이 깨끗해지고 밝아지면 우리는 비로소 긍정적인 의도의 관찰자로서 내 인생을 만들어낼 수 있게 되며, 긍정적인 의도의 관찰자로서 나의 아이를 바라볼 수 있게 된다.

그리고 아이를 정화할 때 반드시 아이 자체를 두고 할

필요는 없다. 아이가 먹을 음식을 만들 때나, 옷을 세탁하고 접을 때나, 아이 방을 청소하거나 장난감을 정리할 때나, 아이가 닿는 그 모든 것을 향해 미용고사를 해보라.

아름다운 언어로 아름답게 바뀐 음식, 옷, 방, 물건들이 내 아이를 편안하고 따뜻하게 해줄 것이다.

그리고 일상생활 속에서 "미안해, 사랑해, 고마워"라는 말을 자주 써주게 되면 아이도 이 말들을 생활의 일부로 받아들이게 될 것이다.

사실 필자의 경우, 처음 이런 말들을 하려고 하니 정말 어색하기만 했다.

어릴 때 나는 이런 말을 부모로부터 제대로 들어본 적

이 거의 없었던 것 같다. 정말 나를 사랑한다는 것은 알고 있었지만 말로는 표현을 하지 않으셨던 것이다. 그러니 자연스럽게 나도 이런 말들과는 동떨어진 사람으로 성장했었던 것 같다. 듣기만 해도 오글거리고 어색한 것이다.

하지만 정화를 해야겠다는 마음을 먹은 후부터는 어색함을 참고 이 말들을 하기 시작했다. 그리고 지금은 자연스럽고 익숙해졌으며 오히려 하지 않는 것이 어색할 정도이다.

내가 이렇게 자주 사용하니 자연스럽게 가족들도 사용하게 되고 딸도 늘 기분 좋게 이 말들을 사용하고 받아들인다.

이 말들이 어색하게 느껴진다면 더 많이 사용해야 한다.

이 말들이 원래 사용하고 있었던 것처럼 익숙해지게 되면, 자신의 성격까지 함께 변하고 있다는 것을 눈치채게 될 것이다. 그만큼 말이란 것이 중요하다.

그리고 어린아이를 두고 있는 부모에게 나는 미용고사 중에서도 특히 감사하다는 말을 많이 하라고 한다.

나에게 와주어서 감사하고, 잘 태어나줘서 감사하고, 우유 잘 먹어줘서 감사하고, 나를 보고 천사같이 웃어줘서 감사하고… 그냥 늘 감사하라고 한다.

그러면 그 아이는 '감사'라는 것을 온몸으로 흡수할 것이다.

그리고 그 아이는 나에게 감사할 일을 하는 아이로 성장할 것이고, 나아가 그 아이는 감사할 일들 속에서 살아갈 것이며, 누군가에게 감사할 일들을 하는 따뜻한 사람으로 살아갈 것이다.


사실 이런저런 책에서 이래라저래라 소신 있게 주장을 펼치고 있지만, 이 세상에 똑같은 아이가 어디 있겠는가? 그러니 모든 아이들에게 다 통하는 완벽하고 절대적인 해답이라는 것은 없을지도 모른다.

그런데 필자가 확신할 수 있는 것은 부모가 자신의 자원을 정화하게 되면, 그에 연결되어있는 아이는 자연스럽게 따라서 정화가 이루어지게 되고, 또한 미용고사를 하게 되면, 그 아이에게 딱 맞는 우리만의 기회와 방법들이 찾아오리라는 것이다.


아름다운 언어는 생활을 아름답게 만든다.

아무리 좋은 수행을 하더라도 집에 돌아와 욕을 하고 부정적인 언어를 일삼는다면 그 무슨 소용이 있겠는가.

다른 많은 수행이나 테크닉들을 부정하는 것이 결코 아니다. 자원을 바꾸는 데 있어 미용고사라는 방법밖에 없다는 것은 결코 아니다.

다만 미용고사의 장점이 너무나 많지 않은가. 바로 나의 것을 실시간으로 바꾸는 것이지 않은가.

그 어떤 테크닉이나 수행을 하더라도 일상생활 속에서 미용고사가 단단하게 뒷받침이 되어있지 않다면, 여전히 인생을 바꾸려는 끝없는 방황은 계속될 것이다.


아이와 싸우지 말자. 나 자신과 싸우지 말자. 내 인생과 싸우지 말자.

감사하고, 사랑하고, 먼저 미안해하고, 먼저 용기 내어 용서를 말하자. 그렇게 아이와도 사이좋게, 나 자신과도 사이좋게, 내 인생과도 사이좋게 지내자. 그것이 원하는 내 인생을 창조하는 길이다.

# 바쁜 부모를 위한 간단 가이드

맞벌이 부모들이 겪고 있는 고충은 필자도 익히 들어서 잘 알고 있다.

바쁜 일상생활 속에서 자신이 지쳐가는 것은 말할 것도 없고, 그 속에서도 마음을 가장 무겁게 하는 것이 아이에 대한 미안함이라는 것이다.

다른 엄마들처럼 하루 종일 집에 함께 있어 주지 못해

서 미안하고, 내 손으로 정성스런 간식을 챙겨주지 못해서 미안하고, 아이가 아프기라도 하면 하루 종일 그 마음이 얼마나 힘들겠는가.

필자는 하루하루를 바쁘게 살아가고 있는 수많은 우리나라의 워킹맘들에게 이 말을 전하고 싶다.

결코 아이와 함께하는 시간의 양은 중요하지 않다는 것을 말이다.

24시간 동안 아이 옆에 붙어 있다고 해서 이 아이가 엄마의 사랑을 듬뿍 받고 정서적으로 무조건 안정적이라고 단정할 수는 없다.

다시 말해 아이의 안정적인 정서와 양육시간은 비례하지 않다는 것이다.

오히려 부정적인 행동과 말을 일삼는 부모가 하루 종일 붙어있는 경우는 더 좋을 것이 없을 것이다.

한 시간을 아이와 함께하더라도 그 시간을 어떻게 보내는지가 중요하다.

그 한 시간, 그 30분이 24시간 전부를 만회할 수도 있다.

잘 보낸 그 한 시간에 아이는 마치 24시간 엄마와 함께 했었던 것처럼 충만한 사랑과 만족감을 얼마든지 느끼게 될 수 있다는 것이다.

앞의 내용들 중에서 핵심을 뽑아서 정리해보겠다.

하루 중에 한 시간, 단 30분이라도 시간 내어 이것들만 신경 써서 해주자.

이것도 못 해주겠다고 한다면 할 수 없다. 그냥 미안해 하는 수밖에….

1. 아이가 최대한 기분 좋게 일어날 수 있도록 배려하고, 잠이 들 때 긍정적인 말을 해주면서 재우거나, 오늘 하루도 엄마가 못 챙겨줘서 미안했고 그런데도 잘 자라주고 있는 네가 너무나 고맙고 진심으로 사랑한다고 얘기해 줘라.

그리고 아이의 행복한 미소를 확인하라.

2. 오늘 하루 아이가 어떻게 보냈는지 함께 대화를 나누어라.

우선 섭섭했던 점이나 힘들었던 점은 없었는지 물어보고 충분히 들어준 후 그 다음으로 행복했던 점이나 고마웠던 점은 없었는지 물어봐라.

이렇게 오늘 하루에 대한 이야기를 함께 나누는 시간을 습관처럼 만들어두면 좋다. 아이는 엄마가 오기를 기다렸다가 당연한 듯 하루의 이야기를 풀어낼 것이고 이 습관은 아이가 커서도 지속될 수 있다.

아이가 아직 어리다면 안고 이렇게 말해줘라.

"엄마 많이 보고 싶었지. 미안해. 엄마도 그랬어. 그래도 씩씩하게 잘 있어 주었네. 정말 대견하다. 고마워. 사랑해."

3. 감정 알아주기를 통해 오늘 하루 아이에게 있었을지 모르는 감정들을 풀어내도록 유도하라.

4. 동화책을 읽어주거나, 노래를 함께 듣거나, 제법 큰 아이라면 긍정적인 메시지가 담겨있는 정보를 한 가지씩 자연스럽게 알려줘라.

"오늘 엄마가 본 동영상인데 한 번 볼래? 어떤 학생이 햄버거 가게에서 노숙자에게 햄버거를 사주고 함께 먹고 있는 영상인데 엄마는 마음이 뭉클했어."


5. 아이의 물건을 정화하라. 장난감이나 옷, 간식, 그 모든 것을 정화하라. 그리고 이 모습을 아이가 보게 하는 것이 좋다.

"우리 ○○ 인형이네. 우리 ○○랑 재밌게 놀아줘서 너무 고마워. 우리 ○○옷이네. 오늘도 우리 아들 따뜻하게 해줘서 정말 고마워. 사랑해."

이 모습을 보면서 아이는 재미있어하기도 하고 동시에 자신을 생각하는 엄마의 마음을 다시 한 번 확인할 수도 있으며 또한 자연스럽게 정화하는 법을 배워나가게 될 것이다.


6. 30분만 시간을 내서 아이가 가장 좋아하는 놀이를 함께 해주자.

놀이는 아이의 스트레스를 풀어내는 최고의 방법이다. 놀이를 함께하는 것은 아이에게 엄마가 자신의 스트레스를 함께 치유해주고 있다는 느낌을 주게 된다.

그것 또한 아이를 위한 최고의 상담이 될 수 있다.


7. 미용고사로 나의 마음을 정화하면서 단 10분 만이라도 아이에게 온전히 집중해보라. 그리고 문득 떠오르는 행동이나 말을 아이에게 해보자.

그것은 손을 잡아주는 것이 될 수도 있고, 아이에게 갑자기 고맙다는 말을 하는 등의 생뚱맞은 것일 수도 있다.

그러나 고요한 순간에 아이를 향해 나오는 그 행동과 말이 그 순간 아이에게 가장 필요한 것이다.


8. 고맙다는 말을 자주자주 하도록 하자. 실제로 엄마와 긴 시간 떨어져서도 씩씩하게 하루를 잘 보내고 있는 내 아이가 얼마나 대견하고 고마운가.

진심을 담아 하루 한 번이라도 고맙다고 말해주자. 아이는 엄마 없이 보낸 자신의 시간이 헛되지 않았음을 알게 될 것이다.


그리고 마지막으로 자신이 얼마나 이 모든 것을 최선을 다해서 잘해내고 있는지 스스로에게도 많이 칭찬하고 고마워하길 바란다.

그렇게 자신의 무겁고 지친, 몸과 마음도 잘 챙겨주고 보듬어 줘라. 나 자신이 아니면 누가 나에게 그렇게 해줄 것인가.

"잘하고 있어."

"정말 대단해."

"힘내자~"

"고맙고 사랑해."

글을 마무리하며

어느 평화롭고 행복한 날이었다.

내가 좋아하는 경치 좋은 카페에 앉아 커피를 홀짝이며 음악을 듣고 있는데, 문득 머릿속에서 자녀를 위한 정화를 주제로 강의를 해야겠다는 생각이 일어났다.

늘 그렇듯 일단은 조용히 미용고사를 하며 그것을 흘려보냈다.

미용고사는 필요 없는 것들은 정리하고 영감적인 것들은 선명하게 하는 힘이 있기 때문에 무언가를 결정하거나 행동하기 전에 나는 늘 미용고사부터 한다.

그렇게 미용고사를 시작하니 이내 그 생각은 섬광이 번쩍이듯 더욱더 선명하고 강해지는 것이었다.

　난 바로 컴퓨터를 꺼내 무작정 파워포인트를 열었다. 그리고 단 몇 시간 만에 15개가 넘는 강의 페이지가 완성되었다.

　마치 머릿속에 완벽한 내용이 이미 존재한 듯이, 잠시도 쉬지 않고 해야 할 내용들이 체계적으로 술술 풀어져 나왔다.

　단숨에 정리를 끝낸 후, 그런 내 모습에 나도 놀라서 웃음이 나왔다. 이게 바로 영감의 힘 아니겠는가!


　그리고 몇 주가 지난 어느 평화롭고 행복한 날, 같은 카페에 앉아 커피를 홀짝이며 여유로운 그 시간을 온전히 즐기고 있었다.

　'아… 좋다.'

　그때 갑자기 머릿속에서 '자녀를 위한 정화'라는 주제로 만든 강의를 책으로 먼저 옮겨야겠다는 생각이 일어나는 것이다.

　역시나 미용고사는 이것에 더 확신을 심어주었고, 나는

망설임 없이 곧장 이틀 만에 그 내용들을 책으로 완성했다.

물론 짧은 내용이지만 이틀 만에 책 한 권이 나왔다고 생각해보라. 마치 머릿속에서 이미 존재하던 책의 내용을 그대로 옮겨 타이핑만 치는 것처럼 순식간에 긴 내용들이 쓰여져 내려간 것이다.

다시 한 번 영감의 힘에 감탄하는 순간이었다. 역시 대단하다!


그렇게 이 책이 탄생하게 되었다.

책을 완성하고 집으로 돌아와 딸아이를 보니 뭉클한 감정이 올라왔다. 딸에게 손을 잡고 진심으로 이야기했다.

"엄마 사고 쳤어. 세상에… 엄마가 자녀를 위한 정화라는 책을 썼지 뭐야. 이 책은 네 덕분이야. 네가 너무 잘해주어서 엄마가 용기 낼 수 있었던 것 같아. 정말 고마워."

그러자 딸이 유쾌하게 웃으며 이렇게 말하는 것이다.

"그래? 그럼 나 이제 정말 모범적으로 살아야겠네!"

그렇게 함께 웃고 넘겼지만 한편으론 이 아이에게 마음의 짐을 지워주는 것이 아닌가 하는 생각도 들었다.

나는 100점짜리 엄마가 아니다. 교육학이나 심리학을 전공한 사람도 아니다. 그저 정화와 소통을 하면서 인생을 스스로 바꾸기 시작했고, 나의 기적 같은 변화를 다른 이들도 함께했으면 좋겠다는 간절한 마음에 『내 인생의 호오포노포노 : 천사들이 들려주는 이야기』라는 책을 출판하게 되었다.

그리고 그 과정 중에, 엄마라는 나의 삶에 큰 부분을 차지하고 있는 자녀에 대한 통찰과 변화 또한 이렇게 책으로 남기게 된 것이다.


딸아이가 앞으로 어떻게 살아갈지 나도 장담할 수는 없다.

우리의 기준으로 완벽하게 살아가지 않을 수도 있고, 어쩌면 혹독한 방황을 하게 될지도 모른다.

하지만 확실한 것은 그 모든 것이 결국은 딸아이를 가장 유리하게 이끌 것이라는 것이다.

왜냐하면 딸은 인생을 변화시킬 수 있는 능력이 자신에게 있음을 확신하고 있기 때문이다. 그리고 그것은 내가 딸에게 해준 가장 큰 선물이기도 하다.

그러므로 딸아이가 어떻게 살아가든 나는 자신 있게 이

책을 세상에 내놓을 것이다.

　사랑하는 여러분의 아들, 딸 또한 자신이 가장 현명하
고 소중한 존재임을 스스로 알고 가기를 바란다.
　이 인생을 자유자재로 바꿀 수 있는 힘이 자신 안에 있
음을 알고 가기를 간절히 바란다.
　그러기 위해서는 이 책을 읽고 있는 여러분부터 자신의
진짜 가치를 알아야 할 것이다. 우리는 아이들의 거울이
니 말이다.

　"진심으로 사랑합니다. 진심으로 감사합니다."

## 내 아이를 위한 정화
: 자녀를 사랑하는 부모들을 위한 정화 가이드북

**초판 1쇄 인쇄** 2016년 05월 15일
**초판 1쇄 발행** 2016년 05월 20일

**지은이** 이영현
**펴낸이** 류태연

**편집** 류태연 | **디자인** 김지태 | **마케팅** 김지홍

**펴낸곳** 렛츠북
**주소** 서울시 중구 삼일대로 4길 9, 3층 403호
**등록** 2015년 05월 15일 제2015-000088호
**전화** 070-4786-4823 | **팩스** 070-7610-2823
**이메일** letsbook2@naver.com | **홈페이지** http://blog.naver.com/letsbook21

**값** 11,500원
**ISBN** 979-11-86836-68-2 03190